JE T'EMMÈNE AU COEUR DE LA REVOLUTION IA

Les frontières entre science-fiction et réalité s'effacent

LotusSacré®
L'ÉLÉGANCE DE LA FOI

DROITS D'AUTEUR © 2024
LotusSacré®

Première édition septembre 2024

Il s'agit d'une œuvre de non-fiction. Toutes les références à des événements historiques, à des personnes réelles ou à des lieux réels sont utilisées de manière factuelle. Tous les autres noms, personnages, lieux et incidents sont le fruit des recherches et de l'imagination de l'auteur. Toute ressemblance avec des événements, des lieux ou des personnes réels, vivants ou décédés, est entièrement fortuite.

LotusSacré®

CONTENU

INTRODUCTION

Dans les annales de l'histoire de l'humanité, peu de quêtes ont captivé notre imagination collective avec autant de persistance que la quête de l'immortalité. Des anciens alchimistes en quête de l'élixir de vie aux scientifiques modernes explorant les frontières de la biotechnologie, le désir de prolonger la durée de vie humaine – peut-être indéfiniment – a été le moteur d'innombrables innovations et débats philosophiques.

Aujourd'hui, nous nous trouvons au bord d'une nouvelle ère, où la convergence des technologies de pointe offre des aperçus alléchants d'un avenir où la mort pourrait être facultative. L'intelligence artificielle, la nanotechnologie, le génie génétique et l'informatique quantique ne se limitent plus au domaine de la science-fiction ; ils deviennent rapidement des parties intégrantes de notre réalité, remodelant notre compréhension de ce que signifie être humain et des limites, le cas échéant, que nous devrions accepter à notre mortalité.

Ce livre aborde en profondeur le cœur de cette révolution. Nous explorerons comment les technologies émergentes, en particulier l'intelligence artificielle et ses manifestations comme ChatGPT, ne changent pas seulement notre façon de vivre, mais redéfinissent potentiellement le concept même de la vie.

Importance du sujet : pourquoi ce sujet est-il pertinent aujourd'hui

L'importance de ce sujet à notre époque ne saurait être surestimée. Nous vivons une époque d'accélération technologique sans précédent, où le rythme de l'innovation dépasse notre capacité à comprendre pleinement ses implications. Considérez les points suivants :

1. **Croissance technologique exponentielle** : la loi de Moore, selon laquelle la puissance de calcul double environ tous les deux ans, reste d'actualité. Cette croissance exponentielle ne se limite pas à l'informatique mais s'étend à des domaines comme la biotechnologie et la nanotechnologie, accélérant notre capacité à manipuler les éléments constitutifs de la vie elle-même.

2. **Révolution de l'IA** : L'avènement de systèmes d'IA sophistiqués comme ChatGPT a démontré que les machines peuvent accomplir des tâches cognitives complexes que l'on pensait autrefois être le domaine exclusif de l'intelligence humaine. Cela soulève de profondes questions sur la nature de la conscience et sur la capacité des êtres artificiels à contribuer à l'immortalité humaine, voire à y parvenir.

3. **Les avancées biotechnologiques** : la technologie d'édition génétique CRISPR, la recherche sur les cellules souches et les avancées en médecine régénérative repoussent les limites du possible en matière de santé et de longévité humaines. Nous sommes de plus en plus capables de réparer, de remplacer et potentiellement d'améliorer les systèmes biologiques humains.

4. **Évolution démographique** : Alors que l'espérance de vie mondiale augmente et que les taux de natalité diminuent dans de nombreux pays développés, les sociétés du monde entier sont confrontées aux défis et aux opportunités que présente le vieillissement de la population. La perspective d'un allongement radical de la durée de vie ajoute de nouvelles dimensions à ces changements démographiques.

5. **Impératifs éthiques et philosophiques** : La possibilité de prolonger considérablement la durée de vie humaine ou d'atteindre l'immortalité soulève de profondes questions éthiques. Les questions d'égalité, d'allocation des ressources, de durabilité environnementale et de finalité même de l'existence humaine sont au premier plan.

6. **Conséquences économiques** : L'économie de la longévité, qui englobe toutes les activités économiques répondant aux besoins et aux désirs des personnes de plus de 50 ans, est déjà une force majeure. Le potentiel de prolongation de la vie humaine pourrait remodeler l'économie mondiale, les marchés du travail et les écosystèmes d'innovation.

Il est essentiel de comprendre ces évolutions et leurs conséquences potentielles pour quiconque cherche à s'orienter dans le paysage en évolution rapide du 21e siècle et au-delà.

Objectifs du livre : ce que les lecteurs peuvent s'attendre à apprendre

« L'avenir éternel » a pour objectif de fournir aux lecteurs une exploration complète, nuancée et stimulante de l'immortalité humaine à travers le prisme du progrès technologique. À la fin de ce livre, les lecteurs peuvent s'attendre à :

1. **Acquérir une perspective historique** : comprendre l'évolution de la technologie et comment les innovations passées ont jeté les bases des avancées actuelles en matière de prolongation de la vie et d'IA.

2. **Comprendre le rôle de l'IA** : Développez une compréhension claire de l'intelligence artificielle, en mettant l'accent sur les modèles de

langage comme ChatGPT, et découvrez comment l'IA pourrait contribuer à atteindre l'immortalité humaine.

3. **Découvrez la médecine de pointe** : découvrez les dernières avancées en matière de biotechnologie, de médecine régénérative et de nanotechnologie qui repoussent les limites de la longévité humaine.

4. **Engagez-vous dans des questions philosophiques** : Plongez dans les implications éthiques, philosophiques et sociétales de la poursuite de l'immortalité, y compris les débats autour du transhumanisme et de la nature de la conscience.

5. **Envisagez des scénarios futurs** : examinez les voies potentielles vers l'immortalité, y compris le transfert de conscience numérique et le rajeunissement biologique, et considérez leur faisabilité et leurs implications.

6. **Affronter les défis et les risques** : Analyser de manière critique les inconvénients et les dangers potentiels associés à la quête de l'immortalité, des risques technologiques aux bouleversements sociétaux.

7. **Développer des opinions éclairées** : Acquérir les connaissances et les outils conceptuels pour former des perspectives bien raisonnées sur l'opportunité et la faisabilité de l'immortalité humaine.

8. **Inspirez une exploration plus approfondie** : obtenez des ressources et une orientation pour un apprentissage et un engagement continus dans ce domaine en évolution rapide.

Tout au long de ce voyage, nous maintiendrons un équilibre entre l'optimisme quant aux avantages potentiels de ces technologies et un examen critique de leurs risques et de leurs limites. Nous nous appuierons sur les recherches scientifiques actuelles, les avis d'experts et le discours philosophique pour offrir une vision complète de ce sujet complexe.

Au fur et à mesure que nous explorons ce livre, préparez-vous à remettre en question vos idées reçues, à élargir votre compréhension de ce qui est possible et à envisager les profondes implications d'un monde où la mort pourrait devenir facultative. Que vous soyez un passionné de technologie, un étudiant en philosophie ou simplement curieux de l'avenir de l'humanité, ce livre vous fournira les idées et les connaissances nécessaires pour aborder de manière significative l'une des questions les plus importantes de notre époque : que signifie être humain à l'ère de l'immortalité potentielle ?

Commençons ce voyage vers le futur éternel, où les frontières entre science-fiction et réalité s'estompent, et où la plus grande aventure de l'existence humaine – la quête pour vaincre la mort elle-même – se déroule sous nos yeux.

CHAPITRE 1

L'ÉVOLUTION DE LA TECHNOLOGIE

Alors que nous entamons notre exploration de l'immortalité humaine à travers les avancées technologiques, il est essentiel de comprendre le chemin qui nous a conduit jusqu'à ce point. Ce chapitre nous emmène dans un voyage à travers l'évolution remarquable de la technologie, des usines enfumées de la révolution industrielle aux centres de données étincelants de l'ère numérique.

Nous retracerons l'histoire de l'innovation humaine, en examinant comment chaque avancée s'est appuyée sur la précédente, créant une cascade de progrès qui a remodelé notre monde. En comprenant cette histoire, nous pouvons mieux apprécier le rythme extraordinaire des avancées actuelles et entrevoir les futurs potentiels qui nous attendent.

Notre voyage couvrira trois domaines principaux :

1. L'histoire de la technologie, en se concentrant sur les grandes révolutions technologiques qui ont défini l'ère moderne.
2. Les grandes avancées de notre époque : Internet, l'intelligence artificielle et la biotechnologie.
3. Comment ces avancées ont fondamentalement modifié notre perception de la vie et de la mort.

En abordant ces sujets, gardez à l'esprit que chaque innovation dont nous parlons nous rapproche un peu plus de la possibilité alléchante de prolonger la vie humaine indéfiniment. L'histoire de la technologie est, à bien des égards, l'histoire de la quête permanente de l'humanité pour surmonter ses limites – y compris, peut-être, la limite ultime de la mortalité elle-même.

Commençons par retracer le chemin de l'ingéniosité humaine qui nous a conduit au bord de ce qui pourrait être la transformation la plus profonde de l'histoire de notre espèce.

Histoire des technologies : de la révolution industrielle à l'ère numérique

L'histoire du progrès humain est inextricablement liée au développement de la technologie. Au cours des derniers siècles, nous avons été témoins de changements spectaculaires dans notre façon de vivre, de travailler et d'interagir avec le monde qui nous entoure. Pour comprendre où nous allons, nous devons d'abord comprendre d'où nous venons. Examinons les périodes clés de cette évolution technologique :

La révolution industrielle (fin du XVIIIe au XIXe siècle)

La révolution industrielle a marqué un tournant décisif : la production manuelle a remplacé la production mécanique, les nouveaux procédés de fabrication chimique et la production d'énergie efficace. Cette période a posé les bases de la société industrielle moderne et a préparé le terrain pour les avancées technologiques rapides qui allaient suivre.

Les principaux développements comprenaient :

1. **La vapeur :** L'invention de la machine à vapeur par James Watt en 1769 a révolutionné l'industrie manufacturière et les transports. Cette innovation a permis la création d'usines qui ne dépendaient pas de l'énergie hydraulique, ce qui a

conduit à un boom de la production industrielle.

2. **Industrie textile :** des innovations comme la machine à filer (inventée par James Hargreaves en 1764) et le métier à tisser mécanique (développé par Edmund Cartwright en 1784) ont considérablement accru l'efficacité de la production. Ces machines ont permis la production de masse de textiles, rendant les vêtements plus abordables et accessibles.

3. **Métallurgie :** les améliorations apportées aux techniques de production du fer, comme le procédé de puddlage développé par Henry Cort en 1784, ont permis d'obtenir des matériaux plus résistants et plus durables. Cette avancée a été cruciale pour le développement des machines, des chemins de fer et de la construction.

4. **Transports :** Le développement des chemins de fer et des bateaux à vapeur a considérablement réduit les temps de trajet et les coûts. La première locomotive à vapeur commerciale, construite par Richard Trevithick en 1804, a ouvert la voie aux réseaux ferroviaires qui allaient bientôt traverser les continents.

5. **Agriculture :** Des innovations comme le semoir (perfectionné par Jethro Tull au début du XVIIIe siècle) et la moissonneuse mécanique (inventée par Cyrus McCormick en 1831) ont augmenté l'efficacité de la production alimentaire, soutenant ainsi la croissance des populations urbaines.

Ces avancées ont conduit à des changements sociétaux importants, notamment :

- **Urbanisation :** à mesure que les usines attiraient les travailleurs des zones rurales, les villes se développèrent rapidement.
- **Montée du système industriel :** l'organisation du travail a radicalement changé, les travailleurs se rassemblant dans des lieux centralisés plutôt que de travailler à domicile.
- **Émergence de nouvelles classes sociales :** les capitalistes industriels et la classe ouvrière urbaine sont devenus des forces sociales et politiques importantes.
- **Impact environnemental :** L'augmentation de l'activité industrielle a entraîné une pollution et une dégradation de l'environnement, des problèmes

auxquels nous sommes toujours confrontés aujourd'hui.

La révolution industrielle a déclenché un processus de changement technologique permanent qui se poursuit encore aujourd'hui. Elle a démontré la capacité de l'humanité à remodeler son environnement et ses vies grâce à l'innovation, un thème qui reviendra tout au long de notre exploration des voies potentielles vers l'immortalité.

La deuxième révolution industrielle (fin du XIXe siècle et début du XXe siècle)

Également connue sous le nom de révolution technologique, cette période a été marquée par des avancées rapides dans divers domaines, s'appuyant sur les bases posées lors de la première révolution industrielle. Cette époque a été caractérisée par de nouvelles formes de production d'énergie, des technologies de communication améliorées et l'essor des techniques de production de masse.

Les principaux développements comprenaient :

1. **Électricité :** L'adoption généralisée de l'énergie électrique a transformé à la fois l'industrie et la vie quotidienne. Le développement par Thomas Edison de la première

ampoule à incandescence longue durée en 1879 et la mise en place ultérieure de réseaux de distribution électrique ont changé le rythme de l'activité humaine, prolongeant les heures productives au-delà de la lumière du jour.

2. **Communications :** L'invention du téléphone par Alexander Graham Bell en 1876 et le développement de la transmission radio longue distance par Guglielmo Marconi dans les années 1890 ont révolutionné les communications longue distance. Ces technologies ont comprimé le temps et l'espace, permettant une communication quasi instantanée sur de vastes distances.

3. **Production de masse :** la mise en place par Henry Ford de la chaîne de montage mobile pour la production automobile en 1913 a considérablement augmenté l'efficacité de la production. Cette

innovation a réduit le temps de construction d'une voiture de plus de 12 heures à seulement 2 heures et 30 minutes, rendant les automobiles abordables pour la classe moyenne et révolutionnant non seulement la fabrication, mais aussi l'urbanisme et la mobilité sociale.

4. **Industries chimiques :** Le développement de nouveaux matériaux synthétiques et d'engrais a élargi les possibilités de production et d'agriculture. Le procédé Haber-Bosch, développé au début du XXe siècle, a permis de produire de l'ammoniac à partir de l'azote atmosphérique, augmentant ainsi considérablement le rendement des cultures grâce à l'utilisation d'engrais azotés.

5. **Production d'acier :** Le procédé Bessemer, inventé par Henry Bessemer en 1856, a permis la production en masse d'acier. Ce

matériau plus résistant et plus polyvalent a permis la construction de gratte-ciels, de ponts plus longs et de machines plus puissantes.

6. **Moteur à combustion interne :** Le perfectionnement du moteur à combustion interne à la fin du XIXe siècle par des ingénieurs comme Gottlieb Daimler et Wilhelm Maybach a conduit au développement des automobiles et des avions, changeant radicalement les transports et la guerre.

Les impacts de ces innovations ont été considérables :

- **Mondialisation :** l'amélioration des transports et des communications a facilité le commerce mondial et les échanges culturels.
- **Urbanisation :** les villes ont continué à croître, avec des gratte-

ciels remodelant les horizons urbains.

- **Culture de consommation :** la production de masse a rendu une large gamme de biens abordables pour la classe moyenne, alimentant ainsi le consumérisme.
- **Guerre :** Les nouvelles technologies ont donné naissance à des armes plus destructrices, changeant la nature des conflits.
- **Travail et main d'œuvre :** la production à la chaîne a conduit à une spécialisation accrue du travail et à des débats sur les conditions et les droits des travailleurs.

La deuxième révolution industrielle a encore accéléré le rythme des changements initiés par la première, prouvant que le progrès technologique n'était pas un événement ponctuel mais un processus continu. Cette période a ouvert la voie à la révolution numérique qui allait suivre, perpétuant la tendance des technologies qui élargissent les capacités humaines et brouillent les frontières entre le possible et l'impossible.

La révolution numérique (de la fin du XXe siècle à nos jours)

Également connue sous le nom de troisième révolution industrielle, cette ère a été caractérisée par le passage de la technologie électronique mécanique et analogique à l'électronique numérique. Cette transformation a été si profonde qu'elle a remodelé presque tous les aspects de la vie humaine, de la façon dont nous travaillons et communiquons à la façon dont nous nous divertissons et gérons notre santé.

Les principaux développements incluent :

1. **Ordinateurs :** Le développement des transistors en 1947 par John Bardeen, Walter Brattain et William Shockley aux Bell Labs a marqué le début de l'ère informatique. Il a été suivi par la création des circuits intégrés en 1958 par Jack Kilby et Robert Noyce, qui ont donné naissance à des ordinateurs de plus en plus puissants et compacts. La révolution des ordinateurs personnels, déclenchée par des machines comme l'Apple II (1977) et l'IBM PC (1981), a apporté la puissance de calcul aux foyers et aux bureaux.

2. **Internet :** la création d'un réseau mondial a transformé la communication, le commerce et l'accès à l'information. Les bases d'Internet ont été posées dans les

années 1960 avec le projet ARPANET. Le World Wide Web, inventé par Tim Berners-Lee en 1989, a rendu Internet accessible au grand public. L'essor des moteurs de recherche comme Google (fondé en 1998) a rendu possible la navigation dans les vastes quantités d'informations en ligne.

3. **Technologie mobile** : Le développement des réseaux cellulaires et des appareils mobiles de plus en plus puissants a permis de mettre des capacités informatiques à portée de main. Le lancement de l'iPhone en 2007 a marqué un tournant, inaugurant l'ère des smartphones et faisant de l'informatique mobile un élément de la vie quotidienne de milliards de personnes.

4. **Automatisation** : la robotique et les logiciels ont pris en charge de nombreuses tâches de routine dans

le secteur manufacturier et des services. Les robots industriels, introduits pour la première fois par Unimation en 1961, sont devenus de plus en plus sophistiqués. Ces dernières années, l'automatisation logicielle et l'IA ont également commencé à avoir un impact sur le travail des cols blancs.

5. **Big Data et Cloud Computing :** la capacité à collecter, stocker et analyser de vastes volumes de données a ouvert de nouvelles frontières dans les domaines de la science, des affaires et de la gouvernance. Les services de cloud computing, lancés par Amazon Web Services en 2006, ont rendu accessibles de puissantes ressources informatiques aux particuliers et aux organisations de toutes tailles.

6. **Médias sociaux :** des plateformes comme Facebook (2004), Twitter (2006) et Instagram (2010) ont

changé la façon dont nous interagissons, partageons des informations et formons des communautés. Ces technologies ont eu des effets profonds sur tous les domaines, des relations personnelles aux mouvements politiques.

7. **Internet des objets (IoT) :** la prolifération des appareils connectés à Internet, des appareils électroménagers intelligents aux capteurs industriels, crée de nouvelles possibilités d'automatisation et de collecte de données.

Les impacts de la révolution numérique ont été considérables et continuent de se faire sentir :

- **Mondialisation :** les technologies numériques ont créé un monde plus interconnecté, permettant une communication et une collaboration mondiales en temps réel.

- **Accès à l'information :** Internet a démocratisé l'accès à l'information, même si les problèmes de fracture numérique et de qualité de l'information demeurent des défis.

- **Économie :** Le commerce électronique, les monnaies numériques et l'économie des petits boulots remodèlent les structures économiques et les modèles d'emploi.

- **Confidentialité et sécurité :** La collecte et l'utilisation de données personnelles ont soulevé d'importantes préoccupations en matière de confidentialité et de cybersécurité.

- **Éducation :** Les plateformes et ressources d'apprentissage en ligne modifient la manière dont les connaissances sont transmises et acquises.

- **Soins de santé :** les dossiers médicaux électroniques, la télémédecine et les diagnostics assistés par l'IA transforment les soins médicaux.
- **Divertissement :** les services de streaming, les jeux vidéo et les médias sociaux ont changé notre façon de consommer et de créer du contenu.

Alors que nous sommes au cœur de cette révolution en cours, il est clair que les technologies numériques joueront un rôle crucial dans toute voie potentielle vers l'allongement de la vie humaine ou l'immortalité. De la recherche médicale basée sur l'intelligence artificielle à la possibilité de numériser la conscience humaine, bon nombre des pistes les plus prometteuses pour prolonger la vie humaine sont profondément ancrées dans les technologies numériques qui ont remodelé notre monde au cours des dernières décennies.

Les grandes avancées : Internet, l'intelligence artificielle, la biotechnologie

Si la révolution numérique englobe un large éventail de technologies, trois domaines se distinguent par leur potentiel à modifier fondamentalement la condition humaine : Internet, l'intelligence artificielle et la biotechnologie.

Laissez- moi vous expliquer chacun de ces domaines plus en détail :

Internet

Internet a fondamentalement changé notre façon de communiquer, d'accéder à l'information et de mener nos affaires. Il représente un changement de paradigme dans la connectivité humaine et le partage d'informations.

Les aspects clés de la révolution Internet comprennent :

1. **World Wide Web :** L'invention de Tim Berners-Lee en 1989 a rendu Internet accessible au grand public. L'interface conviviale du Web et sa structure d'hyperliens ont permis une navigation aisée dans le contenu en ligne, ce qui a entraîné une croissance rapide de l'utilisation d'Internet.

2. **Commerce électronique :** les achats en ligne ont transformé le commerce de détail et créé de nouveaux modèles commerciaux. Des entreprises comme Amazon (fondée en 1994) et eBay (1995) ont été les pionnières de nouvelles

façons d'acheter et de vendre des biens, remettant en cause le commerce de détail traditionnel.

3. **Médias sociaux** : les plateformes comme Facebook, Twitter et Instagram ont changé les interactions sociales et le partage d'informations. Ces plateformes ont créé de nouvelles formes de communauté, modifié la manière dont les nouvelles et les informations se diffusent et ont même influencé les processus politiques.

4. **Cloud computing** : la possibilité d'accéder à distance à de vastes ressources informatiques a donné naissance à de nouveaux services et modèles commerciaux. Les plateformes cloud ont démocratisé l'accès à de puissantes ressources informatiques, permettant aux startups et aux particuliers

d'exploiter des capacités autrefois réservées aux grandes organisations.

5. **Big Data :** les énormes volumes de données générés par l'activité Internet ont créé de nouvelles opportunités d'analyse et de compréhension. Cela a conduit à des avancées dans des domaines allant du marketing à la recherche scientifique.

6. **Internet des objets (IoT) :** le réseau croissant d'appareils connectés à Internet crée de nouvelles possibilités d'automatisation et de collecte de données dans des domaines tels que les maisons intelligentes, les soins de santé et les processus industriels.

L'impact d'Internet sur la société a été profond :

- L'accès à l'information a été démocratisé, même si les problèmes d'alphabétisation numérique et de « fracture numérique » demeurent des défis.
- Elle a créé de nouvelles formes de communauté et d'interaction sociale, transcendant les frontières géographiques.
- Elle a remodelé les industries, bouleversant les modèles commerciaux traditionnels et en créant de nouveaux.
- Cela a changé notre façon de travailler, permettant le travail à distance et la collaboration mondiale.
- Cela a modifié notre façon de consommer les médias et les divertissements, entraînant l'essor

des services de streaming et des influenceurs des médias sociaux.

Dans le contexte de la longévité humaine et de l'immortalité potentielle, Internet joue un rôle crucial. Il facilite le partage rapide des résultats de la recherche scientifique, permet une collaboration mondiale sur des problèmes complexes et pourrait potentiellement servir de plate-forme pour préserver les souvenirs humains, voire la conscience, sous forme numérique.

Intelligence artificielle

L'intelligence artificielle (IA) a fait des progrès considérables ces dernières années, passant d'un domaine académique de niche à une technologie aux applications pratiques de grande envergure. Le potentiel de l'IA à augmenter et potentiellement à surpasser les capacités cognitives humaines en fait une technologie clé dans la quête d'extension des capacités et de la durée de vie humaines.

Les principaux développements en matière d'IA comprennent :

1. **Apprentissage automatique :** les algorithmes capables d'apprendre à partir de données ont permis des avancées majeures dans la reconnaissance d'images et de la parole, le traitement du langage naturel et l'analyse prédictive. Des techniques comme l'apprentissage profond, basé sur des réseaux neuronaux artificiels, ont permis d'atteindre des performances de niveau humain, voire surhumaines, dans des tâches allant du jeu (par exemple, la victoire d'AlphaGo sur

les champions du monde de Go) au diagnostic médical.

2. **Traitement du langage naturel (TLN)** : l'IA peut désormais comprendre et générer le langage humain avec une sophistication croissante. Cela a donné naissance à des applications telles que les chatbots, les assistants vocaux (par exemple, Siri, Alexa) et les services de traduction linguistique. Des modèles linguistiques avancés comme GPT-3 peuvent générer du texte de type humain, ce qui soulève des questions sur la nature de la compréhension du langage et de la créativité.

3. **Vision par ordinateur** : les systèmes d'IA peuvent désormais reconnaître et interpréter les informations visuelles du monde, permettant des applications telles que la reconnaissance faciale, les

véhicules autonomes et l'analyse automatisée d'images médicales.

4. **Robotique :** La combinaison de l'IA avec des machines physiques a donné naissance à des robots plus performants et plus flexibles, utilisés dans la fabrication, les soins de santé et même dans les environnements domestiques.

5. **Systèmes experts et aide à la décision :** l'IA est utilisée pour améliorer la prise de décision humaine dans des domaines tels que la finance, la santé et les services juridiques, en analysant de vastes quantités de données pour fournir des informations et des recommandations.

Les implications des progrès de l'IA sont de grande portée :

- Cela change la nature du travail, automatise les tâches de routine et crée de nouveaux rôles axés sur le développement et la supervision de l'IA.
- Cela améliore la recherche scientifique, en aidant à analyser des ensembles de données complexes et même à générer des hypothèses.
- Cela soulève des questions éthiques sur la vie privée, les préjugés et la capacité de l'IA à prendre des décisions qui affectent la vie humaine.
- Cela suscite des débats philosophiques sur la nature de l'intelligence et de la conscience.

Dans le contexte de la longévité humaine, l'IA recèle plusieurs applications prometteuses :

- **Découverte de médicaments :** l'IA peut analyser de vastes ensembles de données chimiques et biologiques pour identifier de nouveaux traitements potentiels pour les maladies liées à l'âge.

- **Médecine personnalisée :** l'IA peut aider à adapter les traitements médicaux aux profils génétiques individuels, augmentant ainsi potentiellement leur efficacité.

- **Surveillance de la santé :** les appareils alimentés par l'IA peuvent surveiller en permanence les indicateurs de santé, détectant potentiellement les problèmes avant qu'ils ne deviennent graves.

- **Interfaces cerveau-ordinateur :** l'IA pourrait potentiellement améliorer les capacités cognitives humaines ou même servir de plateforme pour préserver la conscience humaine.

Biotechnologie

Les progrès réalisés dans la compréhension et la manipulation des systèmes biologiques ont ouvert de nouvelles frontières en médecine, en agriculture et même en informatique. La biotechnologie représente l'une des voies les plus directes pour prolonger la durée de vie humaine et potentiellement parvenir à une forme d'immortalité biologique.

Les principaux domaines de la biotechnologie comprennent :

1. **Génie génétique :** des techniques comme CRISPR-Cas9, découvertes par Jennifer Doudna et Emmanuelle Charpentier, permettent de modifier l'ADN avec précision. Cette technologie a le potentiel de guérir des maladies génétiques, d'améliorer le rendement des cultures et peut-

être même de modifier les caractéristiques humaines.

2. **Génomique :** la capacité de séquencer et d'analyser des génomes entiers a révolutionné la médecine et notre compréhension de la vie. Le projet Génome humain, achevé en 2003, a marqué une étape importante dans ce domaine. Aujourd'hui, les entreprises de génomique personnelle offrent des informations sur les risques pour la santé et l'ascendance des individus en se basant sur les données génétiques.

3. **Biologie synthétique :** ce domaine implique la création de systèmes biologiques artificiels pour la recherche, l'ingénierie et les applications médicales. La biologie synthétique a conduit au développement de nouveaux matériaux, de biocarburants et même d'organismes artificiels dotés de génomes conçus sur mesure.

4. **Recherche sur les cellules souches** : L'étude des cellules indifférenciées capables de se développer en différents types de cellules spécialisées a ouvert de nouvelles possibilités en médecine régénératrice. Les cellules souches pluripotentes induites (iPSC), créées par Shinya Yamanaka en 2006, permettent de créer des cellules souches à partir de cellules adultes, contournant ainsi les préoccupations éthiques liées aux cellules souches embryonnaires.

5. **Bioinformatique :** L'application de l'informatique et des statistiques aux données biologiques a permis l'analyse de systèmes biologiques complexes, du repliement des protéines à la dynamique des écosystèmes.

6. **Nanobiotechnologie** : La convergence de la nanotechnologie et de la biotechnologie conduit à de

nouveaux outils de diagnostic, à de nouveaux systèmes d'administration de médicaments et à des traitements potentiels au niveau moléculaire.

Les impacts des avancées biotechnologiques sont profonds :

- En médecine, cela conduit à des diagnostics plus précis, à des traitements personnalisés et à des remèdes potentiels pour des maladies jusqu'alors incurables.
- Dans l'agriculture, cela se traduit par des cultures au rendement accru, résistantes aux ravageurs et aux maladies, et dotées de meilleurs profils nutritionnels. Les organismes génétiquement modifiés (OGM) sont devenus à la fois un outil puissant et un sujet de controverse.
- Dans l'industrie, cela permet la production de nouveaux matériaux et de processus de fabrication plus

efficaces et respectueux de
l'environnement.

- Dans le domaine de la conservation
de l'environnement, il s'agit de
fournir des outils permettant de
surveiller la santé des écosystèmes
et de potentiellement restaurer les
environnements endommagés.

- Dans le domaine de la
criminalistique et de l'application de
la loi, l'analyse ADN a révolutionné
les enquêtes criminelles et les
procédures judiciaires.

Dans le contexte de la longévité
humaine et de l'immortalité potentielle,
la biotechnologie offre plusieurs pistes
prometteuses :

1. **Thérapie génique :** La capacité de
corriger ou de remplacer des gènes
défectueux pourrait potentiellement
guérir les troubles génétiques et

atténuer les facteurs génétiques qui contribuent au vieillissement.

2. **Médecine régénérative :** les thérapies à base de cellules souches et l'ingénierie tissulaire pourraient permettre la réparation ou le remplacement d'organes et de tissus endommagés, prolongeant ainsi potentiellement la durée de vie et la santé.

3. **Recherche anti-âge :** la compréhension des processus génétiques et biochimiques du vieillissement au niveau moléculaire pourrait conduire à des interventions qui ralentissent ou potentiellement inversent le processus de vieillissement.

4. **Biologie synthétique :** La création de systèmes biologiques artificiels pourrait potentiellement conduire à de nouvelles façons de soutenir ou d'améliorer les fonctions biologiques humaines.

5. **Interfaces cerveau-ordinateur :** la fusion des systèmes biologiques et électroniques pourrait améliorer les fonctions cognitives et potentiellement ouvrir la voie à la préservation de la conscience au-delà des limites du corps biologique.

Comment ces avancées ont-elles changé notre perception de la vie et de la mort ?

Le rythme rapide des progrès technologiques, en particulier dans les domaines de la technologie numérique, de l'IA et de la biotechnologie, a profondément influencé notre façon de voir la vie, la mort et les frontières qui les séparent :

1. **Prolongation de la durée de vie :** les progrès de la médecine ont considérablement augmenté l'espérance de vie moyenne dans de nombreuses régions du monde. En 1900, l'espérance de vie mondiale n'était que de 31 ans. En 2021, elle est passée à 72,8 ans dans le monde, certains pays dépassant les 80 ans. Cette augmentation spectaculaire a modifié nos attentes en matière de durée et de qualité de vie.

2. **Qualité de vie :** La technologie a amélioré la qualité de vie de nombreuses personnes, notamment celles souffrant de handicaps ou de maladies chroniques. Les prothèses, les implants et les technologies d'assistance ont élargi les capacités du corps humain, remettant en question les notions traditionnelles de limites humaines.

3. **L'au-delà numérique :** les réseaux sociaux et les archives numériques

permettent à une personne de rester présente en ligne après son décès. Il existe désormais des services qui utilisent l'IA pour simuler une conversation avec des personnes décédées en fonction de leur empreinte numérique, brouillant ainsi la frontière entre présence et absence après la mort.

4. **Redéfinition de la mort** : les systèmes de survie avancés ont compliqué la définition du moment où la vie prend fin. Le concept de mort cérébrale, défini pour la première fois en 1968, est né de notre capacité à maintenir artificiellement les fonctions corporelles. La possibilité de réanimer des individus conservés par cryogénie complique encore davantage notre compréhension du caractère définitif de la mort.

5. **Idées transhumanistes** : certains imaginent que la technologie nous

permettrait de transcender les limites humaines traditionnelles, y compris la mortalité. Des concepts tels que le téléchargement de l'esprit, où la conscience humaine pourrait potentiellement être transférée vers un vaisseau numérique ou robotique, remettent en question nos définitions de ce qui constitue la vie et la personnalité.

6. **Débats éthiques :** La possibilité d'une prolongation radicale de la vie soulève des questions sur la répartition des ressources, la surpopulation et la signification d'une durée de vie « naturelle ». Elle suscite également des discussions sur les implications sociales et économiques d'un monde où la mort est facultative pour ceux qui peuvent se permettre des technologies permettant de prolonger la vie.

7. **Impact psychologique :** l'allongement de la durée de vie et la

perspective de la prolonger encore modifient la façon dont les gens planifient leur avenir et perçoivent leur propre mortalité. Ce changement peut avoir des répercussions sur tous les aspects de la vie, depuis les choix de carrière et la planification de la retraite jusqu'aux structures familiales et aux relations personnelles.

8. **Changement de vision du vieillissement :** à mesure que notre capacité à atténuer les effets du vieillissement s'améliore, nous sommes de plus en plus nombreux à considérer le vieillissement lui-même comme une « maladie » à guérir plutôt que comme un processus inévitable à accepter.

9. **Redéfinir le potentiel humain :** à mesure que la technologie augmente les capacités humaines, des améliorations cognitives aux augmentations physiques, nous

reconsidérons ce que signifie être humain et ce que les humains sont capables d'accomplir.

10. **Changement de perspectives spirituelles et philosophiques :** les avancées technologiques qui prolongent la vie ou brouillent la frontière entre la vie et la mort remettent en question les points de vue spirituels et philosophiques traditionnels sur le sens et le but de la vie, la nature de l'âme et le rôle de la mortalité dans l'expérience humaine.

À mesure que nous continuons à repousser les limites de ce qui est technologiquement possible, notre compréhension de la vie et de la mort va probablement continuer à évoluer. Les progrès que nous avons observés jusqu'à présent ne sont peut-être que le début d'une profonde transformation de l'expérience humaine.

La quête de l'immortalité, autrefois domaine de la mythologie et de la science-fiction, devient de plus en plus une entreprise scientifique sérieuse. Si la véritable immortalité reste au-delà de nos capacités actuelles, le rythme rapide des progrès technologiques nous rapproche d'une espérance de vie considérablement plus longue et d'une meilleure qualité de vie.

Au fur et à mesure que nous avancerons dans ce livre, nous expliquerons plus en détail comment ces fondements technologiques – en particulier l'IA et la biotechnologie – sont exploités dans la poursuite de l'immortalité humaine, les défis et les considérations éthiques que cette poursuite soulève, et les futurs potentiels qu'elle pourrait créer.

S'il vous plaît, partagez vos réflexions sur Amazon !

Votre avis nous aide à :

- Faites passer le message sur l'immortalité
- Soutenir les auteurs indépendants
- Encourager davantage de recherches sur la longévité

Comment laisser un avis :

- Accéder à la page Amazon du livre
- Cliquez sur « Écrire un avis client »
- Partagez vos pensées honnêtes
- Cliquez sur Soumettre

Si vous avez trouvé de la valeur dans ce livre, pensez à laisser un avis 5 étoiles !

Votre soutien contribue à alimenter une exploration plus approfondie du monde

fascinant de l'immortalité humaine et du progrès technologique.

CHAPITRE 2:

INTELLIGENCE ARTIFICIELLE ET CHATGPT

Alors que nous nous aventurons plus profondément dans notre exploration de l'immortalité humaine grâce aux avancées technologiques, nous nous trouvons à la frontière de l'une des technologies les plus transformatrices de notre époque : l'intelligence artificielle (IA). Dans ce chapitre, nous allons nous plonger dans le monde de l'IA, en nous concentrant plus particulièrement sur les modèles de langage avancés comme ChatGPT. Nous expliquerons le fonctionnement de ces technologies, leurs applications actuelles et leur rôle potentiel dans la quête de l'immortalité humaine.

Les progrès rapides de l'intelligence artificielle ont suscité à la fois enthousiasme et inquiétude dans divers secteurs de la société. Des soins de santé à la finance, de l'éducation au divertissement, l'intelligence artificielle transforme notre façon de vivre, de travailler et d'interagir. Comme nous le verrons, elle pourrait également jouer un rôle crucial dans l'allongement de la durée de vie humaine et potentiellement dans l'atteinte d'une forme d'immortalité.

Commençons notre voyage dans le domaine de l'intelligence artificielle, où les machines apprennent à penser, à communiquer et à créer d'une manière qui était autrefois le domaine exclusif de la cognition humaine.

Qu'est-ce que l'IA ? Définition et types d'IA

L'intelligence artificielle désigne essentiellement le développement de systèmes informatiques capables d'effectuer des tâches qui nécessitent généralement l'intelligence humaine. Ces tâches comprennent la perception visuelle, la reconnaissance vocale, la prise de décision et la traduction linguistique, entre autres. Cependant, définir l'IA n'est pas aussi simple qu'il n'y paraît, en partie parce que notre compréhension de l'intelligence elle-même est encore en évolution.

John McCarthy, l'un des pionniers de l'intelligence artificielle, la définissait comme « la science et l'ingénierie permettant de fabriquer des machines intelligentes ». Cette définition, bien que concise, soulève une multitude de questions : qu'entendons-nous par « intelligent » ? Comment mesurons-nous l'intelligence des machines ? Les machines peuvent-elles vraiment « penser » ?

Pour mieux comprendre l'IA, il est utile de la classer en différents types en fonction de leurs capacités et de leur conception :

1. **IA étroite (ou faible) :** ce type d'IA est conçu pour effectuer une tâche spécifique ou une gamme restreinte de tâches. La plupart des IA avec lesquelles nous interagissons aujourd'hui appartiennent à cette catégorie. En voici quelques exemples :
   o Assistants vocaux comme Siri ou Alexa
   o Systèmes de reconnaissance d'images utilisés dans les applications photo
   o Algorithmes de recommandation sur les plateformes de streaming
   o Programmes de jeu d'échecs

L'IA étroite peut souvent surpasser les humains dans son domaine spécifique, mais n'a pas la capacité de transférer ses compétences à d'autres tâches.

2. **IA générale (ou forte)** : il s'agit de systèmes d'IA qui possèdent la capacité de comprendre, d'apprendre et d'appliquer des connaissances dans le cadre d'un large éventail de tâches, à l'instar de l'intelligence humaine. Pour l'instant, l'IA générale reste théorique : nous n'avons pas encore créé de systèmes d'IA capables d'égaler l'étendue et l'adaptabilité de l'intelligence humaine.

3. **Superintelligence artificielle (IA) :** il s'agit d'un type hypothétique d'IA qui surpasserait l'intelligence humaine non seulement dans des tâches spécifiques, mais dans tous les domaines, notamment la

créativité scientifique, la sagesse générale et les compétences sociales. Le concept d'IA est au cœur de nombreuses discussions sur les implications à long terme et les risques potentiels du développement de l'IA.

Le développement de l'IA a été marqué par plusieurs approches et paradigmes :

- **Systèmes basés sur des règles :** les premiers systèmes d'IA étaient souvent basés sur des règles codées en dur et des arbres de décision.
- **Apprentissage automatique :** cette approche se concentre sur la création d'algorithmes capables d'apprendre et de faire des prédictions ou de prendre des décisions basées sur des données.
- **Deep Learning :** sous-ensemble de l'apprentissage automatique basé sur des réseaux neuronaux artificiels,

inspiré de la structure du cerveau humain.

- **Apprentissage par renforcement :** une approche dans laquelle les agents IA apprennent à prendre des décisions en étant récompensés ou pénalisés pour leurs actions dans un environnement donné.

En 2024, la plupart des applications pratiques de l'IA relèvent de la catégorie de l'IA étroite, qui fait souvent appel à des approches d'apprentissage automatique et d'apprentissage profond. Cependant, la recherche continue de repousser les limites, dans le but de créer des systèmes d'IA plus généraux et plus adaptables.

Le domaine de l'IA évolue rapidement, avec de nouvelles avancées et applications qui apparaissent régulièrement. Dans la section suivante, nous nous concentrerons sur l'une des évolutions récentes les plus impressionnantes de l'IA : les grands modèles de langage comme ChatGPT.

ChatGPT et les modèles de langage : leur fonctionnement et leurs applications

ChatGPT représente une avancée significative dans le domaine du traitement du langage naturel (NLP), une branche de l'IA qui vise à permettre aux ordinateurs de comprendre, d'interpréter et de générer le langage humain. Pour comprendre ChatGPT, nous devons d'abord saisir le concept de modèles de langage.

Que sont les modèles de langage ?

Les modèles linguistiques sont des systèmes d'IA entraînés à partir de vastes quantités de données textuelles pour prédire la probabilité d'une séquence de mots. En substance, ils apprennent les modèles et les structures du langage, ce qui leur permet de générer du texte de type humain, de répondre à des questions et d'effectuer diverses tâches liées au langage.

Le développement des modèles de langage a connu plusieurs générations :

1. **Modèles N-grammes :** modèles statistiques simples qui prédisent le mot suivant en fonction des N mots précédents.
2. **Réseaux neuronaux récurrents (RNN) :** réseaux neuronaux capables de traiter des séquences de données, améliorant les modèles N-

grammes en prenant en compte les dépendances à long terme dans le langage.

3. **Modèles de transformateurs :** Introduits en 2017, ces modèles utilisent un mécanisme d'attention pour traiter des séquences entières en parallèle, ce qui conduit à des améliorations significatives des performances et à la capacité de gérer des contextes plus longs.

ChatGPT est basé sur l'architecture GPT (Generative Pre-trained Transformer), qui appartient à la famille de modèles de transformateurs.

Comment fonctionne ChatGPT

ChatGPT, développé par OpenAI, est formé à l'aide d'une méthode appelée apprentissage non supervisé, où le modèle apprend à partir d'un vaste corpus de texte sans étiquetage explicite. Le processus de formation comprend :

1. **Pré-formation** : le modèle est exposé à une grande variété de textes Internet et apprend à prédire le mot suivant dans une séquence. Cela lui permet de développer une compréhension générale des modèles linguistiques.

2. **Ajustement** : le modèle pré-entraîné est ensuite affiné sur des ensembles de données plus spécifiques, souvent à l'aide d'une technique appelée apprentissage par renforcement à partir du feedback humain (RLHF). Cela permet d'aligner les résultats du modèle sur les préférences et les instructions humaines.

Lorsque vous interagissez avec ChatGPT, voici ce qui se passe :

1. Votre entrée est tokenisée, c'est-à-dire divisée en unités plus petites que le modèle peut traiter.

2. Le modèle traite ces jetons, en utilisant ses modèles appris pour prédire les prochains jetons les plus probables.

3. Ces prédictions sont reconverties en texte lisible par l'homme, qui constitue la réponse du modèle.

4. Ce processus se répète à chaque tour de conversation, le modèle prenant en compte l'intégralité de l'historique de la conversation pour maintenir le contexte.

Applications de ChatGPT et modèles similaires

Les capacités de modèles comme ChatGPT ont ouvert un large éventail d'applications :

1. **Création de contenu :** de la rédaction d'articles et d'histoires à la génération de textes marketing, ces modèles peuvent aider dans diverses formes de création de contenu.

2. **Traduction linguistique :** bien que ce ne soit pas leur fonction principale, les grands modèles linguistiques peuvent effectuer des tâches de traduction impressionnantes dans plusieurs langues.

3. **Service client :** les chatbots basés sur des modèles linguistiques avancés peuvent gérer les requêtes complexes des clients, offrant des

interactions plus naturelles et plus utiles.

4. **Éducation et tutorat :** ces modèles peuvent expliquer des concepts complexes, répondre à des questions et même offrir des expériences d'apprentissage personnalisées.

5. **Génération de code :** des modèles comme GitHub Copilot, basés sur une technologie similaire, peuvent aider les programmeurs en suggérant des extraits de code et des solutions.

6. **Aide à la recherche :** ils peuvent résumer des articles de recherche, générer des hypothèses et aider aux revues de littérature.

7. **Écriture créative :** de la poésie aux scénarios, ces modèles peuvent aider à diverses formes d'écriture créative.

8. **Soutien en santé mentale :** Bien qu'ils ne remplacent pas l'aide professionnelle, ces modèles peuvent fournir une forme de

soutien conversationnel pour la santé mentale.

Il est important de noter que même si ces applications sont impressionnantes, elles comportent également des limites et des risques potentiels, que nous aborderons dans la section suivante.

Impact de l'IA sur la société : changements dans le travail, la communication, etc.

L'essor de l'IA, illustré par des systèmes avancés comme ChatGPT, transforme divers aspects de la société. Explorons certains des principaux domaines d'impact :

Changements dans le travail

1. **Automatisation :** l'IA automatise un nombre croissant de tâches, de la saisie de données à l'analyse complexe. Cela conduit à une efficacité accrue, mais suscite également des inquiétudes quant aux suppressions d'emplois.

2. **Création de nouveaux emplois :** Alors que certains emplois sont automatisés, l'IA crée également de nouvelles catégories d'emplois, telles que les éthiciens de l'IA, les ingénieurs en apprentissage automatique et les scientifiques des données.

3. **Changement de compétences :** la main-d'œuvre connaît un changement dans les compétences requises, avec un accent croissant sur la culture numérique, l'analyse de données et la capacité à travailler aux côtés des systèmes d'IA.

4. **Amélioration de la productivité :**
les outils d'IA augmentent les
capacités humaines, permettant aux
travailleurs de se concentrer sur des
tâches de niveau supérieur tandis
que l'IA gère les opérations de
routine.

Changements dans la communication

1. **Barrières linguistiques :** les outils
de traduction basés sur l'IA rendent
la communication interlinguistique
plus facile que jamais.
2. **Modération du contenu :** les
systèmes d'IA sont utilisés pour
modérer le contenu en ligne à grande
échelle, influençant ainsi la nature
du discours en ligne.
3. **Communication personnalisée :**
l'IA permet une communication
hyper-personnalisée dans le

marketing, le service client et même la messagerie interpersonnelle.

4. **Accès à l'information :** les outils de recherche et de résumé basés sur l'IA modifient notre façon d'accéder à l'information et de la consommer.

Impact sur les soins de santé

1. **Diagnostic :** les systèmes d'IA aident au diagnostic médical, surpassant parfois les médecins humains dans des tâches spécifiques comme l'identification de certains types de cancer à partir d'images médicales.

2. **Découverte de médicaments :** l'IA accélère le processus de découverte et de développement de médicaments, conduisant potentiellement à des remèdes plus rapides contre les maladies.

3. **Médecine personnalisée :** l'analyse des données génétiques et de santé

par l'IA ouvre la voie à des plans de traitement plus personnalisés.

4. **Santé mentale :** les chatbots IA sont utilisés comme première ligne de soutien pour les problèmes de santé mentale, même si des préoccupations éthiques subsistent quant à leur utilisation dans ce domaine sensible.

Impact sur l'éducation

1. **Apprentissage personnalisé :** l'IA peut s'adapter aux styles et aux rythmes d'apprentissage individuels, offrant une expérience éducative plus personnalisée.

2. **Systèmes de tutorat intelligents :** les tuteurs IA peuvent fournir une assistance individuelle aux étudiants, complétant ainsi l'enseignement traditionnel en classe.

3. **Tâches administratives :** l'IA prend en charge de nombreuses tâches administratives dans l'éducation, libérant ainsi du temps aux enseignants pour se concentrer sur l'enseignement.

Considérations éthiques

1. **Confidentialité :** La soif de données des systèmes d'IA soulève d'importantes préoccupations en matière de confidentialité, en particulier lorsqu'il s'agit d'informations personnelles sensibles.

2. **Biais :** les systèmes d'IA peuvent perpétuer et amplifier les biais sociétaux existants s'ils ne sont pas soigneusement conçus et surveillés.

3. **Responsabilité :** Alors que les systèmes d'IA prennent de plus en

plus de décisions qui affectent la vie humaine, les questions de responsabilité et de transparence deviennent cruciales.

4. **Déplacement d'emplois :** Si l'IA crée de nouveaux emplois, elle a également le potentiel de remplacer de nombreux postes existants, ce qui suscite des inquiétudes quant aux inégalités économiques.

5. **Désinformation :** la capacité de l'IA à générer du texte de type humain soulève des inquiétudes quant au potentiel de création et de diffusion de désinformation à grande échelle.

À mesure que l'IA progresse, son impact sur la société va probablement s'approfondir et s'élargir. Il est donc essentiel que nous engagions un dialogue permanent sur la manière d'exploiter les avantages de l'IA tout en atténuant ses risques et en veillant à ce

qu'elle serve le bien collectif de
l'humanité.

L'IA pourrait-elle un jour surpasser l'intelligence humaine et devenir la clé de l'immortalité ?

Alors que nous contemplons les progrès
rapides de l'IA, une question
provocatrice émerge : l'IA pourrait-elle
non seulement égaler, mais surpasser
l'intelligence humaine et, ce faisant,
potentiellement offrir une voie vers
l'immortalité ? Cette question touche à
certains des domaines les plus profonds
et les plus spéculatifs de la recherche
sur l'IA et de la philosophie
transhumaniste.

Le concept d'intelligence artificielle générale (AGI)

Pour considérer l'IA comme une clé potentielle vers l'immortalité, nous devons d'abord aborder le concept d'intelligence artificielle générale (IAG). Contrairement aux systèmes d'IA restreints dont nous disposons aujourd'hui, l'IAG posséderait la capacité de comprendre, d'apprendre et d'appliquer des connaissances dans un large éventail de tâches, à l'instar de l'intelligence humaine.

La création d'une IAG demeure l'un des plus grands défis dans le domaine de l'IA. Bien que nous ayons fait des progrès significatifs dans le domaine de l'IA au sens strict, la création d'un système doté de la flexibilité et des capacités générales de résolution de problèmes de l'esprit humain s'est avérée incroyablement complexe.

Voies potentielles vers l'IA générale

Les chercheurs explorent plusieurs approches pour parvenir à l'AGI :

1. **Émulation du cerveau entier :** cette approche consiste à créer un modèle détaillé du cerveau humain et à le simuler sur un ordinateur. Bien que cela soit théoriquement possible, cela nécessite un niveau de compréhension du cerveau et une puissance de calcul que nous ne possédons pas encore.

2. **Architecture cognitive :** cela implique la création de systèmes d'IA qui imitent la structure et les processus de la cognition humaine, notamment la perception, la mémoire, l'apprentissage et la prise de décision.

3. **Réseaux de neurones artificiels :** en s'appuyant sur les techniques actuelles d'apprentissage profond,

certains chercheurs pensent que des réseaux de neurones suffisamment grands et complexes pourraient éventuellement présenter une intelligence générale.

4. **Approches hybrides :** combinaison de plusieurs techniques d'IA, notamment l'IA symbolique, l'apprentissage automatique et la modélisation cognitive.

Recherche sur l'IA et la longévité

Même avant d'atteindre l'AGI, l'IA joue déjà un rôle important dans la recherche sur la longévité :

1. **Découverte de médicaments :** les systèmes d'IA accélèrent le processus d'identification de composés anti-âge potentiels en analysant de vastes bases de données

d'informations chimiques et biologiques.

2. **Surveillance personnalisée de la santé :** les appareils et applications alimentés par l'IA peuvent surveiller en permanence les indicateurs de santé, détectant potentiellement les problèmes avant qu'ils ne deviennent graves et prolongeant la durée de vie en bonne santé.

3. **Analyse génétique :** l'IA aide à démêler les facteurs génétiques associés au vieillissement et à la longévité, ce qui pourrait conduire à des thérapies géniques qui pourraient ralentir ou inverser certains aspects du vieillissement.

4. **Identification des biomarqueurs :** l'IA aide à identifier les biomarqueurs du vieillissement, ce qui pourrait conduire à des interventions plus efficaces pour prolonger la durée de vie.

Concepts spéculatifs : l'IA et l'immortalité

Lorsque nous considérons l'IA comme une clé potentielle de l'immortalité, plusieurs concepts spéculatifs entrent en jeu :

1. **Téléchargement de l'esprit :** il s'agit du processus hypothétique de transfert d'une conscience humaine sur un substrat numérique. S'il est réalisé, il pourrait potentiellement offrir une forme d'immortalité numérique. L'IA jouerait probablement un rôle crucial à la fois dans le processus de téléchargement et dans la création d'un environnement numérique adapté à l'esprit téléchargé.

2. **Fusion IA-humain :** certains futurologues envisagent une fusion progressive de l'intelligence humaine et artificielle par le biais

d'interfaces cerveau-ordinateur et d'autres améliorations cybernétiques. Cela pourrait potentiellement conduire à une forme d'intelligence hybride qui transcende les limites cognitives humaines actuelles, y compris peut-être la limitation de la mortalité.

3. **Rajeunissement biologique :** les systèmes d'IA avancés pourraient être capables de concevoir des interventions hautement personnalisées pour réparer et rajeunir la biologie humaine au niveau cellulaire, prolongeant potentiellement la durée de vie indéfiniment.

4. **Corps synthétiques :** l'IA pourrait potentiellement concevoir et contrôler des corps synthétiques ou des avatars dans lesquels la conscience humaine pourrait habiter, offrant ainsi un moyen de

transcender les limites de notre corps biologique.

Défis et limites

Bien que ces concepts soient fascinants à considérer, ils sont également confrontés à des défis importants :

1. **Obstacles techniques :** nombre de ces idées requièrent des capacités technologiques bien supérieures à celles dont nous disposons actuellement. La complexité du cerveau et de la conscience humaine fait du téléchargement de l'esprit, par exemple, un énorme défi.

2. **Considérations éthiques :** La quête de l'immortalité grâce à l'IA soulève de profondes questions éthiques. Qui aurait accès à une telle technologie ? Quel impact cela aurait-il sur la

société et les relations humaines ?
Quelles sont les implications pour
l'identité personnelle et le sens de la
vie ?

3. **Questions philosophiques :** La
nature de la conscience et l'identité
personnelle sont encore des
questions philosophiques très
débattues. La conscience peut-elle
vraiment être transférée sur un
substrat numérique ? Un esprit
téléchargé serait-il vraiment « vous
» ?

4. **Conséquences imprévues :** Comme
pour toute technologie puissante, la
quête de l'immortalité grâce à l'IA
pourrait avoir des conséquences
imprévues que nous ne pouvons
actuellement pas prévoir ni préparer.

Si l'intelligence artificielle a fait des
progrès remarquables et contribue déjà
à la recherche sur la longévité, l'idée
qu'elle puisse surpasser l'intelligence

humaine et devenir la clé de l'immortalité reste du domaine de la spéculation. Elle représente une convergence de certains des concepts technologiques les plus avancés et de certaines des plus anciennes aspirations humaines.

Alors que nous continuons à faire progresser la technologie de l'IA, il est essentiel que nous procédions de manière réfléchie, en tenant compte non seulement des défis techniques, mais aussi des implications éthiques, sociales et philosophiques de notre travail. La quête d'une longévité prolongée, voire de l'immortalité grâce à l'IA, n'est pas seulement une entreprise scientifique, mais elle touche à des questions fondamentales sur ce que signifie être humain.

Que l'IA devienne ou non la clé de l'immortalité, son développement continuera sans aucun doute de remodeler notre monde et notre perception de nous-mêmes. À mesure que nous progressons, il est essentiel que nous orientions ce développement de manière à ce qu'il profite à l'humanité dans son ensemble, en respectant la dignité humaine et en favorisant un accès équitable aux avantages de ces technologies transformatrices.

S'il vous plaît, partagez vos réflexions sur Amazon !

Votre avis nous aide à :

- Faites passer le message sur l'immortalité
- Soutenir les auteurs indépendants
- Encourager davantage de recherches sur la longévité

Comment laisser un avis :

- Accéder à la page Amazon du livre
- Cliquez sur « Écrire un avis client »
- Partagez vos pensées honnêtes
- Cliquez sur Soumettre

Si vous avez trouvé de la valeur dans ce livre, pensez à laisser un avis 5 étoiles !

Votre soutien contribue à alimenter une exploration plus approfondie du monde

fascinant de l'immortalité humaine et du progrès technologique.

CHAPITRE 3

PROGRÈS EN MÉDECINE ET EN BIOTECHNOLOGIE

Alors que nous poursuivons notre exploration des voies menant à l'immortalité humaine, nous tournons désormais notre attention vers certaines des avancées les plus prometteuses et tangibles dans ce domaine : les domaines en évolution rapide de la médecine et de la biotechnologie. Ces disciplines sont à l'avant-garde de l'allongement de la durée de vie humaine et de l'amélioration de la qualité de vie, ouvrant potentiellement la voie à une prolongation radicale de la vie, voire à une forme d'immortalité biologique.

Dans ce chapitre, nous examinerons les développements de pointe en médecine régénérative, explorerons le monde fascinant de la technomédecine, examinerons les réussites concrètes en matière de prolongation de la vie et confronterons les limites éthiques que ces avancées nous poussent à considérer.

Médecine régénérative : cellules souches, CRISPR, etc.

La médecine régénérative représente un changement de paradigme dans la façon dont nous abordons la guérison et l'entretien du corps humain. Au lieu de se contenter de traiter les symptômes ou de gérer les maladies, la médecine régénérative vise à remplacer, à modifier ou à régénérer les cellules, les tissus ou les organes humains pour restaurer ou rétablir une fonction normale. Explorons certaines des technologies clés dans ce domaine :

Thérapie par cellules souches

Les cellules souches sont des cellules indifférenciées qui ont le potentiel remarquable de se développer en de nombreux types de cellules différents dans le corps. Elles servent en quelque sorte de système de réparation interne, se divisant sans limite pour reconstituer d'autres cellules tant que la personne ou l'animal est encore en vie.

Il existe plusieurs types de cellules souches :

1. **Cellules souches embryonnaires :** ce sont des cellules souches pluripotentes dérivées d'embryons. Elles peuvent donner naissance à pratiquement n'importe quel type de cellule dans le corps.

2. **Cellules souches adultes :** Présentes dans divers tissus, ces cellules sont plus limitées dans leur capacité à se différencier, mais jouent néanmoins un rôle crucial dans le maintien et la réparation du tissu dans lequel elles se trouvent.

3. **Cellules souches pluripotentes induites (iPSC) :** il s'agit de cellules adultes qui ont été génétiquement reprogrammées pour ressembler à des cellules souches embryonnaires. La découverte des iPSC par Shinya Yamanaka en 2006 a constitué une avancée majeure, car elle a permis de créer des cellules souches pluripotentes sans les problèmes éthiques associés aux cellules souches embryonnaires.

La thérapie par cellules souches s'est révélée prometteuse dans le traitement d'un large éventail de maladies, notamment :

- **Maladie cardiaque :** les cellules souches peuvent potentiellement régénérer les tissus cardiaques endommagés.
- **Troubles neurologiques :** des recherches sont en cours sur

l'utilisation de cellules souches pour traiter des maladies comme la maladie de Parkinson et la sclérose en plaques.

- **Diabète** : les cellules souches pourraient être utilisées pour créer des cellules productrices d'insuline pour traiter le diabète de type 1.
- **Affections orthopédiques** : les cellules souches sont utilisées pour régénérer le cartilage et traiter les blessures articulaires.

Bien que la thérapie par cellules souches se soit révélée très prometteuse, il est important de noter que de nombreux traitements sont encore expérimentaux et nécessitent des recherches supplémentaires pour prouver leur efficacité et leur sécurité.

Édition génétique CRISPR

CRISPR (Clustered Regularly Interspaced Short Palindromic Repeats) est un puissant outil d'édition génétique qui a révolutionné le domaine de la génétique. Découvert comme mécanisme de défense naturel chez les bactéries, CRISPR a été adapté pour être utilisé dans l'édition des gènes d'autres organismes, y compris les humains.

Voici comment fonctionne CRISPR :

1. **ARN guide :** Un morceau d'ARN est conçu pour correspondre à la séquence d'ADN cible.
2. **Enzyme Cas9 :** Cette enzyme agit comme une paire de ciseaux moléculaires, coupant l'ADN à l'endroit spécifié.
3. **Réparation de l'ADN :** une fois l'ADN coupé, les mécanismes de

réparation naturels de la cellule entrent en jeu, soit en désactivant le gène, soit en insérant une nouvelle séquence génétique.

Les applications potentielles de CRISPR en médecine sont vastes :

- **Traitement des troubles génétiques** : CRISPR pourrait potentiellement corriger les mutations responsables de maladies.
- **Thérapie contre le cancer** : CRISPR pourrait être utilisé pour modifier les cellules immunitaires afin de mieux lutter contre le cancer.
- **Développement de nouveaux médicaments** : CRISPR peut aider à créer des modèles cellulaires et animaux plus précis pour les tests de médicaments.

- **Lutte contre les maladies infectieuses** : CRISPR pourrait potentiellement être utilisé pour rendre les humains résistants à certains virus.

Dans le contexte de la prolongation de la vie, CRISPR pourrait potentiellement être utilisé pour modifier les gènes associés au vieillissement ou aux maladies liées à l'âge, bien que cela reste largement théorique à l'heure actuelle.

Ingénierie tissulaire

L'ingénierie tissulaire consiste à créer des tissus tridimensionnels fonctionnels en combinant des cellules, des échafaudages (matériaux biodégradables qui favorisent la croissance cellulaire) et des facteurs de croissance. L'objectif est de produire des substituts biologiques qui restaurent, maintiennent ou améliorent la fonction tissulaire.

Les principaux domaines de recherche en ingénierie tissulaire comprennent :

- Greffes de peau pour les brûlés
- Régénération du cartilage pour la réparation des articulations
- Tissu cardiaque pour le traitement des maladies cardiaques
- Tissu hépatique pour traiter l'insuffisance hépatique

Même si nous ne sommes pas encore au point de créer des organes complexes entièrement fonctionnels, l'ingénierie tissulaire a déjà donné lieu à des succès remarquables et est très prometteuse pour l'avenir de la médecine régénérative.

Technomédecine : nanotechnologies, implants bioniques

La technomédecine représente la convergence de la technologie et de la médecine, utilisant des approches informatiques et d'ingénierie de pointe pour diagnostiquer, traiter et prévenir les maladies. Deux domaines clés dans ce domaine sont la nanotechnologie et les implants bioniques.

Nanotechnologie

La nanotechnologie implique la manipulation de la matière à l'échelle atomique et moléculaire. En médecine, elle offre la possibilité d'administrer des médicaments de manière ciblée, d'améliorer les techniques d'imagerie et même de créer des « nanorobots » microscopiques capables d'effectuer des réparations dans le corps.

Voici quelques applications potentielles de la nanotechnologie en médecine :

1. **Administration ciblée de médicaments :** les nanoparticules peuvent être conçues pour transporter des médicaments directement vers des cellules spécifiques, réduisant ainsi potentiellement les effets secondaires et améliorant l'efficacité.

2. **Diagnostic :** les capteurs basés sur la nanotechnologie pourraient détecter les maladies à des stades très précoces, même au niveau moléculaire.

3. **Régénération tissulaire :** les nanostructures pourraient servir d'échafaudages pour la croissance et la régénération des tissus.

4. **Traitement du cancer :** les nanoparticules pourraient être utilisées pour délivrer des médicaments de chimiothérapie directement aux cellules cancéreuses, épargnant ainsi les cellules saines.

5. **Nanorobots :** Bien qu'encore largement théoriques, les robots microscopiques pourraient potentiellement réaliser des interventions chirurgicales précises ou nettoyer des blocages artériels.

Implants bioniques

Les implants bioniques sont des dispositifs artificiels conçus pour remplacer ou améliorer des fonctions biologiques. Ils peuvent être relativement simples, comme des stimulateurs cardiaques, ou complexes, comme des implants neuronaux.

Voici quelques exemples d'implants bioniques :

1. **Implants cochléaires** : ces dispositifs peuvent restaurer l'audition pour certaines formes de surdité.
2. **Implants rétiniens** : ils peuvent restaurer partiellement la vision pour certains types de cécité.
3. **Interfaces cerveau-ordinateur** : ces dispositifs peuvent permettre une communication directe entre le cerveau et des appareils externes, aidant potentiellement les personnes paralysées à contrôler des membres prothétiques ou à communiquer.
4. **Cœurs artificiels** : les cœurs entièrement artificiels sont désormais une réalité, même s'ils sont généralement utilisés comme

pont vers la transplantation plutôt que comme solution permanente.

5. **Remplacements articulaires intelligents** : les prothèses articulaires avancées peuvent désormais inclure des capteurs pour fournir des données sur la santé et la fonction des articulations.

À mesure que ces technologies progressent, la frontière entre le biologique et l'artificiel devient de plus en plus floue, ouvrant de nouvelles possibilités d'amélioration et de prolongation des capacités et de la durée de vie humaines.

Success Stories : des cas concrets de prolongation de la vie

Même si la véritable « immortalité » reste hors de portée, des progrès considérables ont été réalisés en matière d'allongement de la durée de vie et de santé.

Voici quelques exemples concrets :

1. **Augmentation de l'espérance de vie :** Au cours du siècle dernier, l'espérance de vie mondiale a plus que doublé, passant d'environ 31 ans en 1900 à plus de 72 ans aujourd'hui. Cette augmentation est en grande partie due aux progrès réalisés en matière d'hygiène, de nutrition et de soins médicaux.

2. **Traitement des maladies liées à l'âge :** nous avons réalisé des

progrès significatifs dans le traitement de nombreuses maladies liées à l'âge. Par exemple, les taux de mortalité par maladie cardiaque aux États-Unis ont diminué de 60 % entre 1950 et 2014, grâce à une meilleure prévention, un meilleur diagnostic et un meilleur traitement.

3. **Survie au cancer :** les taux de survie au cancer se sont considérablement améliorés. Par exemple, le taux de survie à 5 ans pour la leucémie est passé de 14 % dans les années 1960 à 65 % en 2020.

4. **VIH/SIDA :** Autrefois synonyme de condamnation à mort, l'infection par le VIH peut désormais être gérée comme une maladie chronique grâce à une thérapie antirétrovirale, permettant à de nombreuses personnes de vivre une espérance de vie presque normale.

5. **Transplantations d'organes :** les progrès de la médecine de transplantation ont donné à de nombreuses personnes une seconde chance dans la vie. La première transplantation rénale réussie a été réalisée en 1954 ; aujourd'hui, des milliers de transplantations sont réalisées chaque année.

6. **Thérapies à base de cellules souches :** Si bon nombre d'entre elles sont encore au stade expérimental, certaines ont connu des succès remarquables. Par exemple, les greffes de cellules souches sont devenues un traitement standard pour certains cancers du sang.

7. **Thérapie génique :** La thérapie génique a été utilisée avec succès pour traiter certains troubles génétiques. Par exemple, en 2017, la FDA a approuvé une thérapie

génique pour traiter une forme de cécité héréditaire.

8. **Inversion de l'âge biologique :** dans une petite étude publiée en 2019, les scientifiques ont pu inverser l'âge biologique de 2,5 ans en moyenne en utilisant une combinaison d'hormone de croissance et de deux médicaments contre le diabète.

Ces réussites démontrent que même si nous n'avons pas encore atteint l'immortalité, nous réalisons des progrès significatifs en matière de prolongation de la durée et de la qualité de la vie humaine.

Jusqu'où la médecine peut-elle aller sans franchir les frontières éthiques ?

À mesure que nous repoussons les limites de ce qui est médicalement possible, nous sommes inévitablement confrontés à des dilemmes éthiques. La quête d'une durée de vie prolongée, voire de l'immortalité, soulève de profondes questions sur la nature de la vie, de la mort et de ce que signifie être humain.

Voici quelques considérations éthiques clés :

1. **Répartition des ressources :** Dans un monde aux ressources limitées, comment pouvons-nous équilibrer l'investissement dans les technologies de prolongation de la

vie avec la satisfaction des besoins de santé de base pour tous ?

2. **Inégalités :** Si les technologies de prolongation de la vie sont coûteuses, pourraient-elles exacerber les inégalités sociales existantes, créant un fossé entre ceux qui peuvent se permettre de vivre plus longtemps et ceux qui ne le peuvent pas ?

3. **Surpopulation :** si les gens vivent beaucoup plus longtemps, quel impact cela aurait-il sur la population mondiale et la consommation de ressources ?

4. **Qualité de vie :** Est-il utile de prolonger la durée de vie si cela ne permet pas également de maintenir ou d'améliorer la qualité de vie ?

5. **Amélioration humaine :** à quel moment une intervention médicale visant à prolonger la vie franchit-elle la ligne de l'amélioration humaine, et est-ce éthiquement acceptable ?

6. **Définition de la mort :** Alors que notre capacité à maintenir et à restaurer la vie s'améliore, comment définissons-nous le moment où la vie se termine ?

7. **Consentement et sujets humains :** comment mener de manière éthique des recherches sur les technologies de prolongation de la vie, en particulier lorsque les effets à long terme peuvent ne pas être connus avant des décennies ?

8. **Impact environnemental :** Quel impact une prolongation significative de la durée de vie humaine aurait-elle sur notre environnement et sur les autres espèces ?

9. **Structures sociales :** Comment une très longue durée de vie affecterait-elle les structures sociales comme la famille, la carrière et l'éducation ?

10. **Le droit de mourir :** Alors que nous acquérons davantage de

contrôle sur la prolongation de la vie, devons-nous également prendre en compte le droit de choisir quand y mettre fin ?

Ces considérations éthiques ne constituent pas nécessairement des obstacles insurmontables, mais elles nécessitent une réflexion approfondie et un débat public vigoureux. Alors que nous continuons à faire progresser la technologie médicale, il est essentiel que nous fassions également progresser nos cadres éthiques pour garantir que les progrès en matière de longévité servent le bien commun de l'humanité et respectent la dignité humaine.

Les domaines de la médecine et de la biotechnologie progressent à un rythme sans précédent, offrant des perspectives alléchantes d'un avenir où de nombreuses limitations du corps humain pourraient être surmontées. De la médecine régénératrice qui permet de régénérer les tissus endommagés à la nanotechnologie qui pourrait réparer notre corps au niveau cellulaire, les possibilités sont à la fois passionnantes et profondes.

Cependant, comme nous l'avons vu, ces avancées s'accompagnent également de considérations éthiques complexes. Alors que nous continuons à repousser les limites de ce qui est médicalement possible, nous devons également nous engager dans une discussion réfléchie sur les implications de ces technologies et sur la manière de garantir qu'elles bénéficient à l'humanité dans son ensemble.

La quête d'une espérance de vie plus longue – et peut-être même d'une forme d'immortalité biologique – n'est plus seulement le domaine de la science-fiction. Il s'agit d'une entreprise scientifique sérieuse, qui a des répercussions et des implications concrètes. À mesure que nous progressons, il sera crucial de trouver un équilibre entre notre ambition de surmonter les limites de la biologie humaine et une réflexion approfondie sur les conséquences éthiques, sociales et environnementales de nos actions.

S'il vous plaît, partagez vos réflexions sur Amazon !

Votre avis nous aide à :

- Faites passer le message sur l'immortalité
- Soutenir les auteurs indépendants
- Encourager davantage de recherches sur la longévité

Comment laisser un avis :

- Accéder à la page Amazon du livre
- Cliquez sur « Écrire un avis client »
- Partagez vos pensées honnêtes
- Cliquez sur Soumettre

Si vous avez trouvé de la valeur dans ce livre, pensez à laisser un avis 5 étoiles !

Votre soutien contribue à alimenter une exploration plus approfondie du monde

fascinant de l'immortalité humaine et du progrès technologique.

CHAPITRE 4:

LA QUÊTE DE L'IMMORTALITÉ

La quête de l'immortalité est une pierre angulaire de l'aspiration humaine depuis des temps immémoriaux. De l'épopée antique de Gilgamesh aux efforts scientifiques modernes, le désir de transcender les limites de notre existence mortelle a été le moteur de l'innovation, suscité des débats philosophiques et alimenté d'innombrables mythes et légendes. Alors que nous nous trouvons à l'aube d'avancées technologiques sans précédent, le rêve séculaire de vaincre la mort semble plus proche que jamais de la réalité.

Ce chapitre aborde la quête multiforme de l'immortalité à l'ère moderne, en examinant les fondements philosophiques, les considérations éthiques et les recherches scientifiques de pointe qui définissent cette quête. Nous explorerons les débats complexes entourant l'opportunité et la faisabilité d' une durée de vie prolongée, les idéologies du mouvement transhumaniste et les projets actuels qui visent à repousser les limites de la longévité humaine.

Comme l'a dit un jour le célèbre futurologue et auteur Ray Kurzweil :

« J'utilise une analogie avec le téléphone portable. Il y a trente ans, un téléphone portable avait la taille d'une boîte à chaussures, coûtait des dizaines de milliers de dollars et avait une autonomie de batterie de 30 minutes. Aujourd'hui, nous en avons tous dans

nos poches. La même chose se produira avec la technologie conçue pour inverser le vieillissement. »

Cette vision optimiste résume l'espoir et l'enthousiasme qui entourent la quête de l'immortalité. Cependant, comme nous le verrons, cette quête n'est pas sans critiques et défis. Des préoccupations concernant la surpopulation et la pénurie de ressources aux questions sur la nature même de l'existence humaine, les implications d'une prolongation radicale de la durée de vie sont profondes et de grande portée.

En nous lançant dans cette exploration de la quête de l'humanité pour vaincre la mort, nous nous attaquerons à des questions fondamentales sur la nature de la vie, le rôle de la technologie dans l'évolution humaine et les responsabilités éthiques qui accompagnent le pouvoir de remodeler potentiellement la condition humaine. Que l'immortalité s'avère être un objectif atteignable ou reste un rêve insaisissable, le voyage lui-même promet d'apporter des informations précieuses sur ce que signifie être humain à une époque de progrès technologiques rapides.

Philosophie et éthique : débats autour de l'immortalité

La quête de l'immortalité est un thème récurrent dans la pensée et la culture humaines depuis des millénaires. Des mythes antiques aux efforts scientifiques modernes, le désir de vaincre la mort a alimenté la recherche philosophique, les débats éthiques et l'innovation technologique. Alors que nous nous trouvons au bord du précipice de technologies potentiellement radicales de prolongation de la vie, les implications philosophiques et éthiques de l'immortalité sont devenues plus pressantes que jamais.

L'une des questions philosophiques centrales entourant l'immortalité est de savoir si une vie sans fin serait souhaitable ou significative. Le philosophe Bernard Williams a soutenu dans son ouvrage fondateur « The Makropulos Case: Reflections on the Tedium of Immortality » qu'une vie immortelle deviendrait inévitablement insupportablement ennuyeuse :

« Une vie immortelle n'aurait aucun sens ; dans un certain sens, c'est la mort qui donne un sens à la vie. »

Cette perspective suggère que la nature finie de l'existence humaine est ce qui donne à nos vies leur urgence, leur but et leur valeur. Sans la contrainte de la mortalité, perdrions-nous notre motivation à accomplir, à créer, à aimer ?

Contre ce point de vue, le philosophe transhumaniste Nick Bostrom soutient que le potentiel d'ennui dans une vie immortelle est surestimé :

« Si nous devons nous ennuyer éternellement, autant nous ennuyer très longtemps. »

Bostrom soutient qu'une durée de vie prolongée permettrait de vivre des expériences plus profondes, des relations plus significatives et la poursuite de connaissances et de réalisations toujours plus grandes.

Les débats éthiques autour de l'immortalité sont tout aussi complexes. L'une des principales préoccupations est le risque que l'immortalité aggrave les inégalités sociales existantes. Si les technologies de prolongation de la vie ne sont accessibles qu'aux riches et aux privilégiés, cela pourrait créer un fossé profond entre les « mortels » et les « immortels », ce qui modifierait fondamentalement la structure de la société.

Le philosophe John Harris soulève cette préoccupation dans son ouvrage sur l'éthique de la prolongation de la vie :

« Le pire scénario serait que nous créions deux espèces distinctes : une classe génétique supérieure et une classe génétique inférieure. »

Ce scénario soulève de profondes questions sur la justice, l'égalité et la nature même de ce que signifie être humain.

Une autre considération éthique est l'impact environnemental d'une population potentiellement immortelle. Alors que les ressources sont déjà mises à rude épreuve par les niveaux de population actuels, comment la planète pourrait-elle faire face à des humains qui ne mourraient jamais ? Cette préoccupation rejoint des débats plus vastes sur la durabilité et la justice intergénérationnelle.

Malgré ces défis, les partisans de la prolongation de la vie soutiennent que l'impératif éthique de réduire la souffrance et de préserver la vie l'emporte sur les inconvénients potentiels. Comme l'affirme le bioéthicien Arthur Caplan :

« Si nous pouvons intervenir pour ralentir le vieillissement ou prévenir la mort, nous avons l'obligation morale de le faire. »

Cette perspective considère la quête de l'immortalité comme une extension de l'objectif fondamental de la médecine : soulager la souffrance et prolonger la vie humaine.

Transhumanisme : mouvement et idéologies

Le transhumanisme, mouvement philosophique et culturel qui prône l'amélioration de la condition humaine grâce aux technologies avancées, est au premier plan des débats sur l'immortalité. Les transhumanistes croient que les limitations actuelles du corps et de l'esprit humains peuvent être surmontées grâce à des moyens technologiques, notamment la possibilité d'une prolongation radicale de la vie, voire de l'immortalité.

Max More, l'une des figures fondatrices du transhumanisme moderne, définit le mouvement comme suit :

« Le transhumanisme est une classe de philosophies de la vie qui cherchent la continuation et l'accélération de l'évolution de la vie intelligente au-delà de sa forme humaine actuelle et de ses limites humaines au moyen de la science et de la technologie, guidées par des principes et des valeurs favorisant la vie. »

Cette définition résume les principes fondamentaux du transhumanisme : une croyance dans le pouvoir de la technologie pour transformer la condition humaine, une vision optimiste du progrès humain et un engagement à utiliser les avancées scientifiques pour surmonter les limites biologiques.

Au sein du mouvement transhumaniste plus large, il existe diverses idéologies et approches pour atteindre l'immortalité :

1. **Prolongation biologique de la vie :** cette approche vise à prolonger la durée de vie humaine grâce aux progrès de la médecine, de la génétique et de la biotechnologie. Ses partisans estiment que le vieillissement peut être traité comme une maladie et potentiellement guéri.

2. **Téléchargement de l'esprit :** certains transhumanistes prônent la possibilité de transférer la conscience humaine sur des substrats numériques ou artificiels,

réalisant ainsi une forme d'immortalité numérique.

3. **Amélioration cybernétique :** cette idéologie propose de fusionner la biologie humaine avec une technologie de pointe, créant des cyborgs capables de se réparer et de se mettre à niveau en permanence.

4. **Cryogénisation :** Bien qu'il ne s'agisse pas strictement d'une forme d'immortalité, la cryogénisation consiste à préserver le corps humain (ou le cerveau) à des températures ultra-basses dans l'espoir d'une résurrection future et d'une prolongation de la vie.

La penseuse transhumaniste Natasha Vita-More exprime les aspirations du mouvement :

« *L'avenir de l'humanité est prometteur, et c'est à nous de le créer. Nous avons les outils, les connaissances et la vision nécessaires pour façonner un monde où la mort est facultative et où le potentiel humain est illimité. »*

Le transhumanisme n'est cependant pas exempt de critiques. Certains affirment que les objectifs du mouvement sont orgueilleux et potentiellement dangereux. Le philosophe Francis Fukuyama a qualifié le transhumanisme d'« idée la plus dangereuse du monde », prévenant :

« La première victime du transhumanisme pourrait être l'égalité... Si nous commençons à nous transformer en quelque chose de supérieur, quels droits ces créatures améliorées revendiqueront-elles, et quels droits posséderont-elles par rapport à celles qui restent ? »

Ces critiques soulignent la capacité des idéologies transhumanistes à exacerber les inégalités sociales existantes et à créer de nouvelles formes de discrimination.

Malgré ces préoccupations, le transhumanisme continue de gagner du terrain, influençant le discours public, la recherche scientifique et même les discussions politiques autour de l'avenir de l'amélioration humaine et de la prolongation de la vie.

Projets en cours : initiatives et recherches en cours

La quête de l'immortalité n'est pas seulement une quête philosophique ou idéologique ; elle est activement poursuivie par diverses initiatives scientifiques et technologiques. Si la véritable immortalité reste insaisissable, plusieurs projets et domaines de recherche semblent prometteurs pour prolonger la durée de vie humaine et potentiellement surmonter les limites du vieillissement.

1. Fondation de recherche SENS

La Fondation de recherche Strategies for Engineered Negligible Senescence (SENS), fondée par le gérontologue Aubrey de Grey, est à l'avant-garde de la recherche anti-âge. L'approche de De Grey considère le vieillissement comme une série de processus d'accumulation de dommages qui peuvent être traités par des interventions ciblées. Il soutient :

« Nous n'avons pas besoin de tout savoir sur le vieillissement pour développer des thérapies efficaces. Nous devons simplement en savoir suffisamment pour stopper

l'accumulation des dommages qui conduisent au déclin lié à l'âge. »

L'approche SENS se concentre sur sept principaux types de dommages cellulaires et moléculaires associés au vieillissement, notamment la perte cellulaire, les mutations mitochondriales et le durcissement de la matrice extracellulaire. En développant des thérapies pour traiter chacun de ces domaines, SENS vise à s'attaquer de manière globale au processus de vieillissement.

2. Calico (Compagnie d'assurance-vie de Californie)

Fondée par Google et désormais filiale d'Alphabet Inc., Calico est une société de recherche et développement axée sur la lutte contre le vieillissement et les maladies associées. Dotée d'un financement substantiel et d'un accès à une technologie de pointe, Calico représente un investissement privé important dans la recherche sur la longévité.

Bien qu'une grande partie du travail de Calico reste confidentielle, la déclaration de mission de l'entreprise reflète ses objectifs ambitieux :

« Calico est une société de recherche et développement dont la mission est d'exploiter des technologies avancées pour accroître notre compréhension de la biologie qui contrôle la durée de vie. »

3. Projet Génome Humain-Écriture (HGP-écriture)

S'appuyant sur le succès du Projet Génome Humain, qui a séquencé le génome humain, HGP-write vise à synthétiser un génome humain complet.

Ce projet ambitieux pourrait potentiellement conduire à des avancées dans la compréhension et la manipulation de la biologie humaine à son niveau le plus fondamental.

Le chef de projet Jef Boeke explique l'impact potentiel :

« HGP-write nous permettra de créer de nouveaux génomes humains synthétiques et de nouvelles lignées cellulaires pour accélérer notre compréhension de la fonction des gènes et des mécanismes des maladies. »

Bien que ne portant pas directement sur l'immortalité, les connaissances acquises grâce à ce projet pourraient s'avérer cruciales dans le développement de technologies de prolongation de la vie.

4. Fondation pour la préservation du cerveau

La Brain Preservation Foundation se consacre au développement et à la promotion de techniques de préservation du cerveau qui pourraient permettre une réanimation ou un téléchargement ultérieur de l'esprit. La fondation offre un prix pour la démonstration d'une préservation viable du cerveau à long terme.

Ken Hayworth, président de la Brain Preservation Foundation, affirme :

« Si nous parvenons à préserver le connectome du cerveau – le schéma de câblage de tous ses neurones – nous pourrions un jour être en mesure de reconstruire l'esprit d'une personne, lui accordant ainsi une forme d'immortalité. »

5. Neuralink et les interfaces cerveau-ordinateur

Neuralink, la société d'Elon Musk, travaille au développement d'interfaces cerveau-ordinateur avancées. Si l'objectif principal est de traiter les maladies neurologiques, cette technologie pourrait potentiellement ouvrir la voie à une intégration plus directe de la conscience humaine avec les systèmes artificiels.

Elon Musk a déclaré :

« L'aspiration à long terme avec Neuralink serait de parvenir à une symbiose avec l'intelligence artificielle. »

Cette symbiose pourrait potentiellement conduire à de nouvelles formes d'amélioration cognitive et de prolongation de la vie.

6. Recherche sur l'édition génétique CRISPR

Les progrès de la technologie d'édition génétique CRISPR ont ouvert de nouvelles possibilités de manipulation du génome humain. Alors qu'une grande partie des recherches actuelles se concentre sur le traitement des maladies génétiques, certains scientifiques explorent la possibilité d'utiliser CRISPR pour cibler les gènes associés au vieillissement et à la longévité.

Jennifer Doudna, l'une des pionnières de la technologie CRISPR, met en garde :

« Le pouvoir de contrôler l'avenir génétique de notre espèce est à la fois impressionnant et terrifiant. Décider comment le gérer pourrait être le plus

grand défi auquel nous ayons jamais été confrontés. »

Ces projets ne représentent qu'une fraction des recherches en cours sur la prolongation de la vie et les voies potentielles vers l'immortalité. À mesure que la technologie continue de progresser, de nouvelles initiatives et approches sont susceptibles d'émerger, nous rapprochant du rêve de longue date de vaincre la mort.

L'immortalité est-elle un rêve réalisable ou une utopie dangereuse ?

Alors que nous examinons les différents aspects philosophiques, éthiques et scientifiques de la quête de l'immortalité, nous devons nous

attaquer à une question fondamentale :
l'immortalité est-elle un rêve réalisable
que nous devrions poursuivre, ou est-ce
une utopie dangereuse qui pourrait
entraîner des conséquences imprévues ?

La promesse de l'immortalité

Les partisans de la recherche sur
l'allongement de la vie et l'immortalité
soutiennent que vaincre la mort serait la
plus grande réussite de l'histoire de
l'humanité. Ils soulignent les avantages
potentiels :

1. Élimination des souffrances causées
   par le vieillissement et la mort
2. Des opportunités sans précédent de
   croissance et de réussite personnelle
3. Progrès scientifique et culturel
   accéléré grâce à l'allongement de la
   durée de vie humaine

4. Solutions potentielles aux problèmes intergénérationnels comme le changement climatique

Ray Kurzweil, futurologue et défenseur d'une prolongation radicale de la vie, exprime cette vision optimiste :

« L'espèce humaine, grâce à la technologie informatique qu'elle a créée, sera capable de résoudre des problèmes séculaires et sera en mesure de changer la nature de la mortalité dans un avenir post-biologique. »

Les périls de l'immortalité

Les critiques mettent cependant en garde contre les dangers potentiels et les conséquences imprévues de la poursuite de l'immortalité :

1. Surpopulation et épuisement des ressources
2. Exacerbation des inégalités sociales
3. Les défis psychologiques d'une durée de vie extrêmement longue
4. Perte de dynamisme culturel et de renouvellement générationnel
5. Potentiel de contrôle totalitaire grâce aux technologies de prolongation de la vie

Le philosophe Hans Jonas met en garde contre l'orgueil qui accompagne la recherche de l'immortalité :

« Dans la « conquête de la nature », tout n'est pas une bénédiction. La triste vérité est que nous sommes probablement plus doués pour empirer les choses que pour les améliorer. »

La réalité à l'épreuve

Alors que le débat entre ces deux points de vue se poursuit, il est important de prendre en compte l'état actuel des recherches sur la longévité. Malgré des avancées significatives, la véritable immortalité reste un objectif lointain. Le Dr S. Jay Olshansky, un chercheur de premier plan sur le vieillissement, dresse un constat qui donne à réfléchir :

« La quête de vivre éternellement, ou de vivre pendant de longues périodes de temps, a toujours fait partie de l'esprit humain. Nous avons toujours essayé de trouver un moyen de vaincre la mort. Mais le fait est que nous n'y sommes pas parvenus. »

Cette prise de conscience suggère que plutôt que de se concentrer sur l'obtention de l'immortalité, une approche plus productive pourrait consister à rechercher une prolongation de la vie en bonne santé et des améliorations de la qualité de vie.

Considérations éthiques

Dans le paysage complexe de la recherche sur la prolongation de la vie, les considérations éthiques doivent rester au premier plan. Le bioéthicien Arthur Caplan souligne la nécessité d'une réflexion approfondie :

« Les défis éthiques posés par l'allongement radical de la vie sont sans précédent. Nous devons commencer à avoir des discussions sérieuses sur les implications sociétales dès maintenant, avant que la technologie ne dépasse notre capacité à la réglementer. »

Les principales questions éthiques qui doivent être abordées sont les suivantes :

1. Comment garantir un accès équitable aux technologies de prolongation de la vie ?
2. Quelles sont les implications pour les droits reproductifs et le contrôle de la population ?
3. Comment concilier les désirs individuels de longévité avec les besoins de la société ?
4. Quelles nouvelles structures et institutions sociales pourraient être nécessaires dans un monde où l'espérance de vie est considérablement allongée ?

Le juste milieu

L'approche la plus réaliste et la plus éthique se situe peut-être à mi-chemin entre les positions extrêmes de la poursuite effrénée de l'immortalité et du rejet total de la recherche sur la prolongation de la vie. Cette approche équilibrée permettrait de :

1. Poursuivre des avancées progressives dans le prolongement de la vie en bonne santé
2. Mettre l'accent sur l'amélioration de la qualité de vie en plus de la quantité
3. Assurer un accès équitable aux technologies de longévité
4. Examiner et traiter soigneusement les impacts sociétaux potentiels
5. Maintenir la flexibilité pour s'adapter à l'émergence de nouveaux défis éthiques

Comme l'a judicieusement noté le gérontologue Robert N. Butler :

« L'objectif devrait être d'ajouter de la vie aux années, et non pas seulement des années à la vie. »

Cette perspective redéfinit la quête de l'immortalité comme une quête plus nuancée de vies humaines prolongées, saines et significatives.

La quête de l'immortalité, motivée par des désirs humains ancestraux et rendue possible par la technologie moderne, présente à la fois des possibilités extraordinaires et de profonds défis. Alors que nous continuons à repousser les limites de la longévité humaine, nous devons rester vigilants dans nos considérations éthiques et réalistes dans nos attentes.

Que l'immortalité soit ou non réalisable, cette quête a déjà permis d'obtenir des informations précieuses sur la nature du vieillissement, la biologie humaine et le paysage éthique complexe de la prolongation de la vie. À mesure que nous avançons, il est essentiel que nous abordions cette quête avec sagesse, empathie et une profonde considération des implications à long terme de nos actions.

Peut -être que dans notre quête pour vaincre la mort, nous parviendrons à une appréciation plus profonde de la préciosité et du sens de la vie elle-même.

S'il vous plaît, partagez vos réflexions sur Amazon !

Votre avis nous aide à :

- Faites passer le message sur l'immortalité
- Soutenir les auteurs indépendants
- Encourager davantage de recherches sur la longévité

Comment laisser un avis :

- Accéder à la page Amazon du livre
- Cliquez sur « Écrire un avis client »
- Partagez vos pensées honnêtes
- Cliquez sur Soumettre

Si vous avez trouvé de la valeur dans ce livre, pensez à laisser un avis 5 étoiles !

Votre soutien contribue à alimenter une exploration plus approfondie du monde

fascinant de l'immortalité humaine et du progrès technologique.

CHAPITRE 5 :

SCÉNARIOS FUTURS

Alors que nous avançons plus avant dans le XXIe siècle, la quête de l'immortalité ne se limite plus au domaine de la science-fiction. Les progrès rapides de la technologie, de la biologie et de l'intelligence artificielle ouvrent de nouvelles possibilités de prolonger la vie humaine bien au-delà de ses limites actuelles. Ce chapitre explore les scénarios futurs potentiels pour atteindre l'immortalité, en examinant à la fois leurs promesses et leurs dangers.

Nous aborderons deux voies principales vers l'immortalité : numérique et biologique. Chacune de ces approches présente des opportunités et des défis uniques, avec des implications de grande portée pour les individus et la société dans son ensemble. En envisageant ces scénarios futurs, nous devons également faire face aux profonds impacts sociétaux et aux inconvénients potentiels de l'obtention de la vie éternelle.

Immortalité numérique : transfert de conscience et avatars numériques

Le concept d'immortalité numérique repose sur l'idée de préserver la conscience humaine dans un format numérique, créant ainsi une forme d'existence qui transcende les limites de notre corps biologique. Ce domaine de recherche englobe deux approches principales : le transfert de conscience et les avatars numériques.

Transfert de conscience

Le transfert de conscience, également connu sous le nom de téléchargement de l'esprit, est le processus hypothétique consistant à scanner la structure d'un cerveau et à copier son état dans un dispositif informatique, tel qu'un ordinateur ou un corps robotique. Cette conscience transférée conserverait théoriquement tous les souvenirs, la personnalité et les capacités cognitives de la personne d'origine.

Le processus de transfert de conscience est confronté à plusieurs défis importants :

1. **Cartographie cérébrale** : Pour réussir le transfert, nous devrions créer une carte complète et haute résolution du cerveau humain, comprenant comment chaque neurone se connecte et interagit avec les autres.

2. **Stockage des données** : Le cerveau humain contient environ 86 milliards de neurones, chacun doté de milliers de connexions synaptiques. Le stockage de cette énorme quantité d'informations nécessiterait d'énormes ressources informatiques.

3. **Réplication de la conscience** : Même si nous pouvions cartographier et stocker toutes les données d'un cerveau humain, la question philosophique se pose toujours de savoir si cette copie numérique serait vraiment consciente et si elle serait la même « personne » que l'original.

4. **Considérations éthiques** : La capacité de transférer la conscience soulève des questions éthiques complexes sur l'identité, la personnalité et la nature de l'existence elle-même.

Malgré ces défis, les partisans du transfert de conscience soutiennent qu'il pourrait offrir une forme d'immortalité, permettant aux individus d'exister indéfiniment sous des formes numériques ou robotiques.

Avatars numériques

Les avatars numériques représentent une approche différente de l'immortalité numérique. Au lieu de tenter de transférer une conscience entière, cette méthode consiste à créer une représentation numérique d'une personne qui peut interagir avec d'autres après la mort de la personne d'origine.

Ces avatars pourraient être alimentés par des systèmes d'intelligence artificielle avancés formés à partir de vastes quantités de données personnelles, notamment des écrits, des enregistrements, des activités sur les réseaux sociaux et même des scanners cérébraux. L'objectif serait de créer une entité numérique capable de reproduire de manière convaincante la personnalité, les connaissances et les modèles de comportement de la personne décédée.

Les applications potentielles des avatars numériques incluent :

1. **Préservation de l'héritage** : permettre aux générations futures d'interagir et d'apprendre de

personnages historiques ou de proches décédés.

2. **Prise de décision** : les entreprises ou les gouvernements pourraient utiliser des avatars d'experts pour faciliter les processus de prise de décision complexes.

3. **Divertissement** : Les avatars numériques pourraient être utilisés dans des environnements de réalité virtuelle pour des reconstitutions historiques immersives ou des expériences de divertissement personnalisées.

Bien que moins ambitieux que le transfert de conscience complet, les avatars numériques sont toujours confrontés à des défis technologiques et éthiques importants, notamment des questions d'authenticité, de confidentialité et de risque d'utilisation abusive.

Immortalité biologique : régénération cellulaire et anti-âge

Alors que l'immortalité numérique cherche à préserver la conscience au-delà du corps biologique, les approches biologiques visent à prolonger indéfiniment la durée de vie de nos formes physiques. Ce domaine de recherche se concentre sur la compréhension et l'intervention dans les processus biologiques du vieillissement aux niveaux cellulaire et moléculaire.

Régénération cellulaire

La recherche sur la régénération cellulaire vise à développer des technologies capables de réparer ou de remplacer les cellules et les tissus endommagés dans le corps humain. Les principaux domaines d'intérêt sont les suivants :

1. **Thérapie par cellules souches** : utilisation de cellules souches pour régénérer les tissus et organes endommagés ou vieillissants.

2. **Impression d'organes** : impression 3D d'organes humains fonctionnels à partir des propres cellules du patient, éliminant ainsi le besoin de donneurs et réduisant le risque de rejet.

3. **Nanomédecine** : Développer des robots à l'échelle nanométrique capables de réparer les dommages cellulaires au niveau moléculaire.

4. **Extension des télomères** : Allongement des télomères, les capuchons protecteurs aux extrémités des chromosomes qui raccourcissent avec l'âge,

prolongeant potentiellement la durée de vie cellulaire.

L'objectif ultime de la recherche sur la régénération cellulaire est de développer des thérapies capables de réparer et de rajeunir en continu le corps humain, permettant potentiellement des durées de vie indéfinies.

Recherche anti-âge

La recherche anti-âge se concentre sur la compréhension des processus biologiques fondamentaux qui conduisent au vieillissement et sur le développement d'interventions visant à ralentir, arrêter ou même inverser ces processus. Les principaux domaines de recherche comprennent :

1. **Élimination des cellules sénescentes** : Élimination ou reprogrammation des cellules sénescentes qui s'accumulent avec l'âge et contribuent à diverses maladies liées à l'âge.

2. **Réparation mitochondriale** : Développement de techniques pour réparer ou remplacer les mitochondries endommagées, les centrales énergétiques des cellules qui jouent un rôle crucial dans le vieillissement.

3. **Reprogrammation épigénétique** : manipulation des modèles d'expression génétique pour réinitialiser les cellules à un état plus jeune.

4. **Interventions métaboliques** : exploration des effets de la restriction calorique, du jeûne intermittent et de divers composés sur la longévité.

5. **Entretien de la protéostasie** :
Développement de méthodes pour
maintenir un repliement et une
clairance appropriés des protéines,
qui deviennent dysrégulés avec
l'âge.

Bien que des progrès significatifs aient
été réalisés dans la compréhension de la
biologie du vieillissement, traduire ces
connaissances en thérapies anti-âge
efficaces reste un défi majeur.

Impact sociétal : conséquences sociales, économiques et environnementales

L'extension radicale de la vie ou l'immortalité aurait des conséquences profondes pour la société, et pourrait remodeler des aspects fondamentaux de l'existence humaine.

Parmi les principaux domaines d'impact, on peut citer :

Dynamique sociale

1. **Structures familiales** : L'allongement de la durée de vie pourrait conduire à des familles multigénérationnelles avec des relations complexes et de nouvelles normes sociales.

2. **Éducation et carrière** : Les gens peuvent poursuivre plusieurs carrières et parcours éducatifs au cours de leur vie.

3. **Relations** : Le concept de partenariats à vie peut évoluer, conduisant potentiellement à la monogamie en série ou à de nouvelles formes de relations.

4. **Évolution culturelle** : Le rythme du changement culturel pourrait ralentir à mesure que les générations plus âgées restent influentes pendant des périodes plus longues.

Conséquences économiques

1. **Marché du travail** : L'âge de la retraite pourrait probablement augmenter de manière significative, modifiant ainsi la dynamique de la

main-d'œuvre et les trajectoires de carrière.

2. **Soins de santé** : L'objectif des soins de santé pourrait se déplacer du traitement des maladies liées à l'âge vers le maintien d'une santé optimale sur une durée de vie prolongée.

3. **Retraites et sécurité sociale** : les systèmes actuels de soutien aux personnes âgées devraient être entièrement restructurés.

4. **Accumulation de richesse** : L'allongement de la durée de vie pourrait conduire à une concentration encore plus grande de la richesse parmi les individus les plus âgés.

Conséquences environnementales

1. **Consommation des ressources** : Une population potentiellement immortelle exercerait une pression sans précédent sur les ressources mondiales.

2. **Planification environnementale** : Les politiques environnementales à long terme deviendraient encore plus cruciales, car les individus pourraient s'attendre à subir les conséquences de leurs actions actuelles.

3. **Exploration spatiale** : Le besoin de ressources et d'espace vital pourrait accélérer les efforts de colonisation d'autres planètes.

Chute : quel serait le coût de la vie éternelle ?

Bien que la perspective de l'immortalité soit séduisante, elle comporte des inconvénients et des risques potentiels qui doivent être soigneusement pris en compte :

Défis psychologiques

1. **Ennui et perte de but** : La perspective d'une existence sans fin peut conduire à une perte de motivation et de but pour certains individus.
2. **Accumulation de traumatismes** : Vivre indéfiniment pourrait signifier accumuler des traumatismes psychologiques au fil des siècles ou des millénaires.
3. **Crise d'identité** : Le concept de soi peut devenir fluide sur des périodes

de temps extrêmement longues, conduisant à des crises existentielles.

Risques sociétaux

1. **Surpopulation** : Sans mort naturelle, la croissance démographique pourrait rapidement devenir insoutenable.
2. **Stagnation** : Les sociétés peuvent devenir résistantes au changement, les structures de pouvoir s'enracinant au fil des siècles.
3. **Inégalité** : L'accès aux technologies d'immortalité pourrait créer des divisions extrêmes entre « mortels » et « immortels ».

Dilemmes éthiques

1. **Répartition des ressources** : des décisions difficiles devront être prises quant à savoir qui aura accès aux technologies permettant de prolonger la vie.

2. **Droit de mourir** : La possibilité de mettre fin à sa vie pourrait devenir un sujet controversé dans un monde où la mort n'est plus inévitable.

3. **Évolution humaine** : L'immortalité pourrait potentiellement arrêter ou modifier radicalement le cours de l'évolution biologique et culturelle humaine.

Coûts environnementaux

1. **Épuisement des ressources** : Une population immortelle exercerait une pression immense sur les ressources de la Terre.
2. **Perturbation des écosystèmes** : Le cycle naturel de la vie et de la mort joue un rôle crucial dans les écosystèmes ; l'immortalité pourrait perturber cet équilibre.

Les scénarios futurs de l'immortalité présentent un paysage complexe de possibilités, de défis et de considérations éthiques. Que ce soit par des moyens numériques de préservation de la conscience ou des interventions biologiques pour prolonger la vie physique, la quête de l'immortalité a le potentiel de remodeler fondamentalement l'expérience humaine.

Alors que nous continuons à faire des progrès technologiques et scientifiques, il est essentiel que nous abordions ces possibilités en tenant compte de toutes leurs implications. La quête de l'immortalité n'est pas seulement une entreprise scientifique, mais un voyage philosophique et éthique profond qui nous obligera à nous attaquer à la nature même de ce que signifie être humain.

Pour aller de l'avant, il nous faudra trouver un équilibre entre notre désir inné de prolonger la vie et notre responsabilité envers les générations futures et notre planète. Alors que nous sommes sur le point d'atteindre l'immortalité, nous devons nous demander non seulement si nous en sommes capables, mais aussi si nous devons y parvenir, et à quel prix.

S'il vous plaît, partagez vos réflexions sur Amazon !

Votre avis nous aide à :

- Faites passer le message sur l'immortalité
- Soutenir les auteurs indépendants
- Encourager davantage de recherches sur la longévité

Comment laisser un avis :

- Accéder à la page Amazon du livre
- Cliquez sur « Écrire un avis client »
- Partagez vos pensées honnêtes
- Cliquez sur Soumettre

Si vous avez trouvé de la valeur dans ce livre, pensez à laisser un avis 5 étoiles !

Votre soutien contribue à alimenter une exploration plus approfondie du monde fascinant de l'immortalité humaine et du progrès technologique.

CHAPITRE 6

DÉFIS ET RISQUES

Alors que nous nous aventurons toujours plus loin dans le domaine de l'allongement radical de la vie et de l'immortalité potentielle, nous devons faire face à la myriade de défis et de risques qui accompagnent ces objectifs ambitieux. Si la promesse d'une vie prolongée ou éternelle est séduisante, elle s'accompagne d'une multitude de préoccupations technologiques, éthiques et sociétales que nous devons soigneusement examiner et résoudre.

Ce chapitre se penche sur les pièges et les dangers potentiels associés à la quête de l'immortalité. Nous explorerons les risques technologiques, notamment les dangers d'une IA incontrôlée et les menaces de cybersécurité. Nous examinerons les défis éthiques, en particulier ceux liés aux inégalités et à l'accès aux technologies permettant de prolonger la vie. En outre, nous envisagerons les scénarios dystopiques potentiels qui pourraient découler de la poursuite ou de l'obtention de l'immortalité, et nous nous demanderons finalement si l'immortalité elle-même pourrait devenir la plus grande menace pour l'humanité.

Risques technologiques : IA incontrôlée et cybersécurité

IA incontrôlée

En recherchant des formes numériques d'immortalité, comme le téléchargement de l'esprit ou les avatars numériques avancés alimentés par l'IA, nous courons le risque de créer des intelligences artificielles que nous ne pouvons ni contrôler ni comprendre entièrement. Cette préoccupation devient particulièrement aiguë lorsque l'on considère la possibilité d'une auto-amélioration récursive dans les systèmes d'IA.

1. **Problème d'alignement** : veiller à ce que les systèmes d'IA les plus avancés, en particulier ceux conçus pour reproduire ou étendre la

conscience humaine, restent alignés avec les valeurs et les objectifs humains constitue un défi de taille. Une entité d'IA immortelle avec des valeurs non alignées pourrait constituer une menace existentielle pour l'humanité.

2. **Émergence imprévisible** : À mesure que nous développons des systèmes d'IA plus complexes pour soutenir ou permettre l'immortalité numérique, nous risquons de voir apparaître des comportements ou des capacités inattendus. Ces propriétés émergentes pourraient conduire à des scénarios dans lesquels l'IA agit de manière préjudiciable aux humains, intentionnellement ou non.

3. **Perte de l'action humaine** : Si nous devenons trop dépendants des systèmes d'IA pour gérer notre immortalité numérique, nous risquons de perdre l'action humaine dans les processus de prise de

décision. Cela pourrait conduire à un avenir où des entités numériques immortelles prendraient des décisions cruciales sur le destin de l'humanité sans supervision ni intervention humaine adéquate.

4. **Risques liés à l'amélioration des capacités cognitives** : À mesure que nous développons des technologies d'IA pour améliorer la cognition humaine ou pour créer des répliques numériques de l'esprit humain, nous risquons de créer des entités dotées de capacités intellectuelles largement supérieures. Ces êtres améliorés pourraient considérer les humains non améliorés comme inférieurs, ce qui pourrait conduire à des conflits ou à l'oppression.

Menaces de cybersécurité

La numérisation de la conscience humaine ou la création d'avatars numériques introduit des risques de cybersécurité nouveaux et complexes :

1. **Vol d'identité** : Dans un monde où il existe des copies numériques des individus, le vol d'identité pourrait prendre une toute autre signification. Des acteurs malveillants pourraient potentiellement voler ou reproduire des personnalités entières, ce qui entraînerait de graves violations de la vie privée et des perturbations sociales.

2. **Corruption des données** : L'intégrité des données qui composent une conscience numérique est primordiale. Une corruption accidentelle ou altération malveillante de ces données pourrait effectivement «

tuer » une entité numérique ou altérer sa personnalité et ses souvenirs de manière imprévisible.

3. **Ransomware et situations de prise d'otage numérique** : les cybercriminels pourraient potentiellement prendre possession des consciences numériques contre rançon, menaçant de les supprimer ou de les corrompre si les demandes ne sont pas satisfaites. Cela pourrait créer des dilemmes éthiques et juridiques sans précédent.

4. **Vulnérabilité aux cyberattaques** : À mesure que notre corps biologique s'intègre de plus en plus aux systèmes numériques, nous devenons plus vulnérables aux cyberattaques. Le piratage informatique pourrait potentiellement affecter non seulement nos données, mais aussi nos pensées et nos fonctions corporelles.

5. **Préoccupations en matière de confidentialité** : La grande quantité de données personnelles nécessaires à la création et au maintien d'une conscience numérique soulève d'importantes préoccupations en matière de confidentialité. La protection de ces données contre tout accès ou utilisation non autorisés devient un défi crucial.

Défis éthiques : Inégalités et accès à la technologie

Inégalité

La quête de l'immortalité grâce aux technologies avancées suscite de sérieuses inquiétudes quant à l'aggravation des inégalités sociales existantes et à la création de nouvelles formes de disparité :

1. **Fracture économique** : Les technologies permettant de prolonger la vie risquent d'être extrêmement coûteuses, du moins au début. Cela pourrait créer un fossé profond entre ceux qui peuvent se permettre l'immortalité et ceux qui ne le peuvent pas, divisant potentiellement l'humanité en deux classes distinctes : les mortels et les immortels.

2. **Déséquilibres de pouvoir** : Ceux qui atteignent l'immortalité en premier peuvent accumuler des quantités disproportionnées de richesse, de connaissances et d'influence au fil du temps, conduisant à des déséquilibres de pouvoir enracinés qui pourraient persister pendant des siècles, voire des millénaires.

3. **Conflits générationnels** : Certains individus vivent des centaines ou des milliers d'années, et nous

pouvons donc assister à l'émergence de conflits générationnels sans précédent. Les jeunes générations pourraient avoir le sentiment que leurs possibilités d'avancement sont bloquées par la présence continue d'anciens immortels à des postes de pouvoir.

4. **Stagnation culturelle** : Si les mêmes individus restent en position d'influence culturelle pendant des périodes extrêmement longues, cela pourrait conduire à une stagnation culturelle et à une résistance au changement, ce qui pourrait entraver le progrès de la société.

Accès à la technologie

Assurer un accès juste et équitable aux technologies permettant de prolonger la vie présente des défis éthiques et pratiques importants :

1. **Répartition des ressources** : Déterminer comment allouer des ressources limitées pour prolonger la vie soulève des questions éthiques difficiles. Faut-il donner la priorité aux jeunes, aux plus accomplis, ou les répartir de manière aléatoire ? Chaque approche a ses propres implications éthiques.

2. **Disparités mondiales** : Le développement des technologies d'immortalité est susceptible d'être concentré dans les pays riches et technologiquement avancés. Cela pourrait exacerber les inégalités mondiales, les citoyens des pays développés pouvant potentiellement

atteindre l'immortalité tandis que ceux des pays en développement ont du mal à accéder aux soins de santé de base.

3. **Défis réglementaires** : L'élaboration d'un cadre réglementaire pour la répartition équitable des technologies permettant de prolonger la vie sera extrêmement complexe. Elle nécessitera des niveaux de coopération et d'accord mondiaux sans précédent sur les principes éthiques fondamentaux.

4. **Mortalité forcée** : Dans un monde où l'immortalité est possible mais pas universellement disponible, nous pouvons être confrontés à des situations où des individus sont contraints de rester mortels contre leur gré en raison du manque d'accès aux technologies nécessaires.

5. **Marchés noirs et accès illégal** : La forte demande en technologies d'immortalité pourrait conduire à l'émergence de marchés noirs et de moyens d'accès illégaux, mettant potentiellement les individus en danger et compromettant les efforts de distribution équitable.

Scénarios dystopiques : ce qui pourrait mal se passer

Alors que nous recherchons l'immortalité, nous devons prendre en compte les conséquences dystopiques potentielles qui pourraient découler du développement et de la mise en œuvre de ces technologies :

1. **Crise de surpopulation** : Si la mort devient facultative mais que la reproduction se poursuit sans

contrôle, nous pourrions être confrontés à une grave crise de surpopulation. Cela pourrait conduire à l'épuisement des ressources, à la dégradation de l'environnement et à des conflits autour des besoins fondamentaux.

2. **Contrôle totalitaire** : Les gouvernements ou les entreprises contrôlant les moyens d'immortalité pourraient exercer un pouvoir sans précédent sur les individus. La menace de refuser les traitements prolongeant la vie pourrait être utilisée comme moyen de contrôle, conduisant à des régimes oppressifs capables de maintenir leur pouvoir indéfiniment.

3. **Perte de diversité humaine** : Si certains traits ou caractéristiques sont jugés plus souhaitables pour l'immortalité, nous pourrions assister à une homogénéisation de l'espèce humaine au fil du temps, à mesure

que divers traits sont sélectionnés en faveur de ceux jugés « optimaux » pour la survie à long terme.

4. **Ennui existentiel et dépression de masse** : La perspective de vivre éternellement pourrait conduire à des crises existentielles généralisées. Sans la fin naturelle que constitue la mort, certains individus pourraient avoir du mal à trouver un sens ou un but à leur existence sans fin.

5. **Stagnation du progrès humain** : La peur de la mort disparaissant, l'humanité risque de perdre l'un de ses principaux moteurs de progrès et d'innovation. Cela pourrait conduire à une société stagnante où la complaisance remplacerait la volonté de progresser.

6. **Asservissement de la conscience numérique** : Dans les scénarios où la conscience humaine est téléchargée sur des formats numériques, il existe un risque que

ces entités numériques soient exploitées ou asservies. Elles pourraient être contraintes de travailler sans fin dans des environnements virtuels, créant ainsi une nouvelle forme de servitude immortelle.

7. **Manipulation de la réalité** : Des technologies avancées capables de modifier les souvenirs ou les perceptions dans les consciences numériques pourraient être utilisées pour créer de fausses réalités. Cela pourrait conduire à des scénarios dans lesquels des êtres immortels vivraient dans des mondes virtuels manipulés, inconscients de leur véritable nature ou des circonstances.

8. **Le scénario du « dernier mortel »** : Alors que l'immortalité se répand, nous pourrions être confrontés à un scénario dans lequel les dernières générations d'humains mortels

seraient confrontées à une discrimination extrême ou seraient considérées comme des reliques d'une époque révolue.

9. **Erreurs irréversibles** : Avec l'immortalité, les conséquences des erreurs sociétales ou des politiques malavisées pourraient persister pendant des périodes extrêmement longues, conduisant potentiellement à des conditions dystopiques à long terme difficiles à inverser.

10. **Perte de l'identité humaine** : À mesure que nous allongeons notre espérance de vie et que nous évoluons potentiellement vers des formes d'existence numériques, nous risquons de perdre des aspects fondamentaux de ce que nous considérons aujourd'hui comme étant humain. Cela pourrait conduire à une crise existentielle à l'échelle de toute l'espèce.

Chute : l'immortalité pourrait-elle devenir notre plus grande menace ?

Alors que nous réfléchissons à ces défis et à ces risques, nous devons faire face à la possibilité que la poursuite de l'immortalité, malgré son attrait, puisse potentiellement devenir la plus grande menace pour la civilisation humaine et peut-être pour notre existence même en tant qu'espèce.

Risques existentiels

1. **Épuisement des ressources** : Une population immortelle exercerait une pression sans précédent sur les ressources de la Terre. Sans le cycle naturel de la vie et de la mort, nous risquons d'épuiser la capacité de

notre planète à soutenir la vie humaine, ce qui pourrait conduire à un effondrement de la société ou à des mesures de contrôle forcé de la population.

2. **Catastrophe environnementale** : L'impact environnemental d'une population immortelle en constante augmentation pourrait accélérer le changement climatique et d'autres formes de dégradation de l'environnement à des niveaux catastrophiques, rendant potentiellement la Terre inhabitable.

3. **Perte d'adaptabilité** : L'immortalité pourrait réduire la capacité de notre espèce à s'adapter à des environnements changeants ou à de nouveaux défis. Le brassage génétique et l'évolution continue qui se produisent au fil des générations pourraient être perturbés, nous laissant vulnérables à de nouvelles menaces.

4. **Vulnérabilité cosmique** : En tant qu'espèce immortelle, nous pourrions devenir plus réticents au risque, ce qui pourrait entraver les efforts d'exploration et de colonisation spatiales. Cela pourrait rendre l'humanité vulnérable à des événements de niveau extinction sur Terre, tels que des impacts d'astéroïdes ou des éruptions solaires.

Effondrement de la société

1. **Instabilité économique** : Nos systèmes économiques actuels ne sont pas conçus pour des participants immortels. L'accumulation de richesses au fil des siècles ou des millénaires pourrait conduire à des inégalités

extrêmes et à l'effondrement des structures économiques.

2. **Stagnation politique** : Si les mêmes individus détiennent potentiellement le pouvoir pendant des périodes extrêmement longues, les systèmes politiques pourraient devenir stagnants et insensibles aux besoins et aux circonstances changeants.

3. **Perte d'innovation** : La volonté d'innover est souvent motivée par le désir d'avoir un impact durable dans un laps de temps limité. L'immortalité pourrait réduire cette motivation, entraînant un déclin du progrès scientifique et technologique.

4. **Calcification culturelle** : Avec une vie potentiellement éternelle, les normes et valeurs culturelles pourraient devenir extrêmement résistantes au changement, conduisant à des sociétés incapables

de s'adapter à de nouveaux défis ou
à des circonstances en évolution.

Conséquences psychologiques et philosophiques

1. **Crise existentielle de masse** : La perspective de la vie éternelle pourrait conduire à une perte généralisée de sens et de finalité. Sans le contrepoids de la mortalité, beaucoup pourraient avoir du mal à trouver une motivation ou un sens à leurs actions.

2. **Détérioration éthique** : L'étendue considérable des durées d'existence immortelle pourrait éroder les contraintes éthiques. Les individus pourraient être plus disposés à adopter un comportement contraire à l'éthique s'ils pensent qu'ils ont un temps illimité pour se racheter ou si

les conséquences semblent moins importantes dans le contexte d'une durée de vie éternelle.

3. **Perte de l'expérience humaine** : De nombreux aspects de l'expérience humaine sont façonnés par notre mortalité. L'amour, l'ambition, l'art et la spiritualité pourraient perdre leur profondeur et leur sens dans le contexte de l'immortalité, altérant fondamentalement ce que signifie être humain.

Le problème de l'irréversibilité

L'aspect le plus inquiétant de la quête de l'immortalité est peut-être le caractère potentiellement irréversible de cette décision. Une fois que nous aurons atteint l'immortalité généralisée, il sera extrêmement difficile, voire impossible, de revenir à notre état mortel actuel si nous trouvons les conséquences indésirables ou insoutenables.

Cette irréversibilité crée une immense responsabilité. Nous devons être absolument certains de comprendre et de pouvoir gérer toutes les implications de l'immortalité avant de prendre des mesures qui ne peuvent être annulées. Le risque est que nous ne prenions conscience des véritables coûts de l'immortalité qu'une fois qu'il sera trop tard pour changer de cap, condamnant potentiellement l'humanité à une existence éternelle qui deviendra un fardeau plutôt qu'une bénédiction.

La quête de l'immortalité, bien que motivée par nos désirs les plus profonds et les technologies les plus avancées, comporte des risques et des dilemmes éthiques qui pourraient remodeler la structure même de l'existence humaine. Alors que nous continuons à faire des progrès dans les technologies permettant de prolonger la vie, il est essentiel que nous abordions ces avancées avec prudence, prévoyance et une réflexion approfondie sur leurs conséquences potentielles.

Pour relever ces défis, il faudra des niveaux de coopération mondiale, de délibération éthique et de planification à long terme sans précédent. Nous devons développer des structures de gouvernance et des cadres éthiques solides pour guider le développement et le déploiement des technologies d'immortalité. Ces cadres doivent être suffisamment flexibles pour s'adapter aux conséquences imprévues tout en restant fidèles aux valeurs humaines fondamentales.

En outre, alors que nous explorons les limites de l'allongement de la durée de vie humaine, nous ne devons pas perdre de vue les qualités qui donnent un sens à la vie. Notre quête de plus de temps ne doit pas se faire au détriment de la richesse, de la diversité et du dynamisme de l'expérience humaine.

En fin de compte, la question de savoir si l'immortalité pourrait devenir notre plus grande menace n'a pas de réponse simple. Cela dépend de notre capacité à anticiper et à atténuer les risques, à répartir équitablement les bénéfices et à préserver notre humanité face à une prolongation radicale de la vie. Alors que nous sommes sur le point d'atteindre potentiellement l'immortalité, nous devons nous demander non seulement si nous pouvons vivre éternellement, mais aussi si nous devons le faire et à quel prix.

La voie à suivre nécessite de trouver un équilibre délicat entre la prise en compte des avantages potentiels d'une espérance de vie plus longue et la protection contre les risques considérables qu'elle représente. Elle nécessite un dialogue mondial qui associe non seulement les scientifiques et les éthiciens, mais l'humanité tout entière, alors que nous décidons collectivement de la forme que prendra notre avenir potentiellement illimité.

S'il vous plaît, partagez vos réflexions sur Amazon !

Votre avis nous aide à :

- Faites passer le message sur l'immortalité
- Soutenir les auteurs indépendants
- Encourager davantage de recherches sur la longévité

Comment laisser un avis :

- Accéder à la page Amazon du livre
- Cliquez sur « Écrire un avis client »
- Partagez vos pensées honnêtes
- Cliquez sur Soumettre

Si vous avez trouvé de la valeur dans ce livre, pensez à laisser un avis 5 étoiles !

Votre soutien contribue à alimenter une exploration plus approfondie du monde

fascinant de l'immortalité humaine et du progrès technologique.

CHAPITRE 7:

NAVIGUER SUR LE CHEMIN À SUIVRE

Alors que nous sommes sur le point d'atteindre l'immortalité humaine grâce aux progrès technologiques, nous nous trouvons face à un paysage complexe d'opportunités, de défis et de dilemmes éthiques. Les chapitres précédents ont exploré les différentes voies vers l'immortalité, les implications sociétales et les risques et inconvénients potentiels de la poursuite de la vie éternelle. Nous devons maintenant porter notre attention sur la question cruciale : comment avancer de manière responsable et éthique dans notre quête d'une prolongation radicale de la vie ?

Ce chapitre explorera les stratégies, les cadres et les considérations nécessaires pour naviguer sur le chemin vers un avenir où l'allongement de la durée de vie ou l'immortalité pourraient devenir une réalité. Nous examinerons l'équilibre délicat entre progrès et prudence, la nécessité de cadres éthiques solides, l'importance de la coopération mondiale, le rôle de l'engagement public, les approches durables de l'allongement de la vie et l'importance continue de la recherche philosophique et éthique dans la construction de notre avenir potentiellement immortel.

Équilibrer progrès et prudence

La quête de l'immortalité est l'une des entreprises les plus ambitieuses et potentiellement transformatrices de l'histoire de l'humanité. Cependant, comme nous l'avons vu dans les chapitres précédents, elle comporte également des risques et des défis éthiques importants. Pour aller de l'avant, il faut trouver un équilibre délicat entre repousser les limites du progrès scientifique et technologique et faire preuve de prudence pour éviter des résultats potentiellement catastrophiques.

Approche par étapes

Plutôt que de se précipiter vers l'immortalité, une approche mesurée et progressive de la prolongation de la vie pourrait être plus prudente. Cela pourrait impliquer :

1. Se concentrer initialement sur l'allongement de la durée de vie en bonne santé (augmentation du

nombre d'années en bonne santé) plutôt que sur l'allongement de la durée de vie.

2. Fixer des objectifs progressifs pour prolonger la vie (par exemple, viser d'abord un statut de centenaire constant avant de poursuivre une prolongation plus radicale).

3. Tester et valider minutieusement chaque avancée avant de passer à l'étape suivante.

Protocoles de sécurité rigoureux

À mesure que nous développons des technologies de plus en plus performantes pour prolonger la vie, il est essentiel d'établir et de maintenir des protocoles de sécurité rigoureux. Cela est particulièrement important pour les technologies qui interagissent directement avec le cerveau humain ou qui font appel à l'intelligence artificielle. Les mesures de sécurité peuvent inclure :

1. Des tests approfondis dans des environnements simulés avant les essais sur l'homme.
2. Procédures de confinement robustes pour les technologies potentiellement dangereuses.
3. Mécanismes de sécurité et interrupteurs d'arrêt pour les systèmes d'IA impliqués dans la prolongation de la vie.

Considération sur la réversibilité

Dans la mesure du possible, les technologies de prolongation de la vie doivent être conçues dans une optique de réversibilité. Cela permet d'annuler les changements si des conséquences négatives imprévues surviennent. Bien que la véritable immortalité puisse être intrinsèquement irréversible, de nombreuses étapes intermédiaires vers une prolongation radicale de la vie pourraient potentiellement être conçues avec la réversibilité comme caractéristique clé.

Cadres éthiques pour la recherche sur l'immortalité

Le développement des technologies de prolongation de la vie doit être guidé par des cadres éthiques solides qui donnent la priorité au bien-être humain, à l'équité et à la survie à long terme de notre espèce.

Principes de bioéthique

Les principes traditionnels de bioéthique, notamment l'autonomie, la bienfaisance, la non-malfaisance et la justice, devraient être élargis et adaptés pour répondre aux défis uniques posés par la prolongation radicale de la vie. Par exemple :

1. **Autonomie :** garantir que les individus ont le droit de choisir de prolonger ou non leur vie, mais aussi les protéger contre la coercition dans un monde où l'immortalité pourrait devenir une attente.

2. **Bienfaisance :** Considérer les avantages à long terme de la prolongation de la vie, non seulement pour les individus, mais pour l'humanité dans son ensemble.

3. **Non-malfaisance :** élargir notre réflexion sur le préjudice pour inclure les impacts négatifs potentiels sur les générations futures et l'environnement.

4. **Justice :** Développer des cadres pour un accès équitable aux technologies de prolongation de la

vie afin de prévenir l'exacerbation des inégalités existantes.

Considérations éthiques à long terme

Étant donné les conséquences potentiellement éternelles de l'accession à l'immortalité, nos cadres éthiques doivent intégrer une réflexion à très long terme. Cela pourrait inclure :

1. Développer des lignes directrices éthiques pour le traitement des consciences numériques.
2. Considérant les droits et les responsabilités des êtres immortels.
3. Établir des protocoles pour gérer les conflits entre les populations mortelles et immortelles.

Comités d'éthique

La création de comités d'éthique spécialisés dans la recherche sur l'immortalité sera cruciale. Ces comités devraient inclure non seulement des scientifiques et des éthiciens, mais aussi des représentants d'horizons divers, notamment de la philosophie, de la sociologie, des sciences de l'environnement et du développement mondial.

Coopération et gouvernance mondiales

La quête de l'immortalité est une entreprise planétaire qui touche toute l'espèce humaine. Elle requiert donc des niveaux de coopération et de gouvernance internationale sans précédent.

Cadre réglementaire international

Il sera essentiel d'élaborer un cadre réglementaire international complet pour la recherche sur l'immortalité et sa mise en œuvre. Ce cadre devrait aborder les points suivants :

1. Normes pour l'éthique de la recherche et les protocoles de sécurité.
2. Lignes directrices pour un accès équitable aux technologies de prolongation de la vie.
3. Politiques de gestion des impacts mondiaux de l'allongement de la durée de vie, y compris les effets sur la population, les ressources et l'environnement.

Coordination mondiale de la recherche

Pour maximiser les progrès tout en minimisant les risques, la coordination mondiale des efforts de recherche sur l'immortalité sera cruciale. Cela pourrait impliquer :

1. Consortiums de recherche internationaux axés sur des aspects spécifiques de la prolongation de la vie.
2. Partage ouvert des données et des résultats de la recherche pour accélérer les progrès et garantir la sécurité.
3. Efforts de collaboration pour répondre aux défis mondiaux découlant de l'allongement de la durée de vie.

Comités d'éthique transnationaux

La création de comités éthiques transnationaux peut contribuer à garantir que des perspectives diverses soient prises en compte dans le développement et la mise en œuvre des technologies d'immortalité. Ces comités devraient inclure des représentants de diverses cultures, religions et traditions philosophiques pour aider à s'orienter dans le paysage éthique complexe de la prolongation de la vie.

Engagement et éducation du public

Alors que nous nous dirigeons vers un avenir où une prolongation radicale de la vie devient possible, l'engagement et l'éducation du public seront essentiels pour une prise de décision éclairée et une préparation sociétale.

Dialogue public

Il est essentiel de favoriser un dialogue public permanent sur les implications de l'immortalité. Cela pourrait impliquer :

1. Forums et débats publics réguliers sur les technologies de prolongation de la vie et leurs impacts.
2. Inclusion de voix diverses, y compris celles qui sont sceptiques ou opposées à la quête de l'immortalité.
3. Communication transparente sur les progrès de la recherche, les avantages potentiels et les risques.

Initiatives en matière d'éducation

Préparer la société à la possibilité d'une espérance de vie radicalement prolongée nécessitera des initiatives éducatives globales. Celles-ci pourraient inclure :

1. Mettre à jour les programmes scolaires pour inclure des discussions sur les technologies de prolongation de la vie et leurs implications éthiques.
2. Développer des programmes d'éducation des adultes pour aider les générations actuelles à comprendre et à se préparer à l'immortalité potentielle.
3. Créer des ressources pour aider les individus à prendre des décisions éclairées sur la poursuite des technologies de prolongation de la vie.

Responsabilité des médias

Étant donné les implications profondes de la recherche sur l'immortalité, une couverture responsable de la part des médias sera cruciale. Cela implique :

1. Couverture précise et équilibrée des avancées scientifiques et de leurs impacts potentiels.
2. Éviter le sensationnalisme tout en transmettant la nature révolutionnaire des technologies de prolongation de la vie.
3. Offrir des plateformes pour divers points de vue sur la poursuite de l'immortalité.

Approches durables pour prolonger la vie

Alors que nous poursuivons une prolongation radicale de la vie, il est essentiel que nous le fassions d'une manière qui soit durable à la fois pour l'humanité et pour notre planète.

Considérations environnementales

Les technologies de prolongation de la durée de vie doivent être développées en tenant soigneusement compte de leur impact sur l'environnement. Cela comprend :

1. Prioriser les technologies à empreinte écologique minimale.
2. Rechercher des moyens de réduire la consommation de ressources à

mesure que la durée de vie augmente.

3. Explorer des solutions hors du monde pour accueillir des populations potentiellement immortelles.

Durabilité économique

Les conséquences économiques d'une prolongation généralisée de la vie doivent être gérées avec soin. Cela peut impliquer :

1. Développer de nouveaux modèles économiques capables de s'adapter aux individus ayant une espérance de vie extrêmement longue.

2. Créer des systèmes de retraite flexibles qui s'adaptent à l'allongement de la durée de vie.

3. Investir dans l'automatisation et l'IA pour soutenir la productivité dans une société vieillissante.

Durabilité sociale

Il sera crucial de garantir la cohésion sociale dans un monde d'immortels potentiels. Les stratégies pourraient inclure :

1. Développer de nouvelles normes et structures sociales pour s'adapter à des durées de vie pluriséculaires.
2. Créer des opportunités pour donner un sens et un objectif continus à des vies extrêmement longues.
3. Favoriser la compréhension et la coopération intergénérationnelles.

Le rôle de la philosophie et de l'éthique dans la construction de notre avenir immortel

Alors que nous parcourons le paysage complexe de la recherche et de la mise en œuvre de l'immortalité, une enquête philosophique et éthique continue sera essentielle.

Réexaminer les concepts fondamentaux

La possibilité de l'immortalité remet en question nombre de nos concepts et valeurs fondamentaux. La recherche philosophique sera cruciale dans des domaines tels que :

1. La nature de l'identité personnelle sur des périodes de temps extrêmement longues.
2. Le sens et la valeur de la vie dans le contexte de l'immortalité potentielle.
3. La relation entre la mortalité et la réussite et la créativité humaines.

Évolution des cadres éthiques

À mesure que nous nous rapprochons de la prolongation radicale de la vie, nos cadres éthiques devront évoluer. Cette évolution éthique continue devrait aborder les points suivants :

1. Les droits et les responsabilités des êtres immortels.
2. Considérations éthiques dans une société post-pénurie et post-mortalité.
3. Le statut moral des différentes formes d'existence étendue (biologique, numérique, hybride).

Dialogue interdisciplinaire

Il sera essentiel de favoriser un dialogue permanent entre philosophes, éthiciens, scientifiques et décideurs politiques. Cette approche interdisciplinaire peut contribuer à garantir que :

1. Les progrès scientifiques sont guidés par des considérations éthiques.
2. Les cadres éthiques s'appuient sur les connaissances scientifiques les plus récentes.
3. Les décisions politiques reflètent à la fois les réalités scientifiques et les principes éthiques.

Alors que nous sommes sur le point d'atteindre l'immortalité humaine, nous sommes confrontés à un avenir rempli à la fois de promesses extraordinaires et de défis redoutables. La voie à suivre nous oblige à équilibrer notre ambition avec prudence, notre quête du progrès avec considération éthique, et nos désirs individuels avec les besoins collectifs de l'humanité et de notre planète.

Pour avancer sur cette voie, il faudra un niveau de coopération mondiale sans précédent, des cadres éthiques rigoureux, un engagement public et une réflexion philosophique continue. Nous devons rester flexibles et adaptables, prêts à ajuster notre trajectoire à mesure que nous en apprenons davantage sur les implications d'une prolongation radicale de la vie.

Les décisions que nous prenons aujourd'hui façonneront non seulement l'avenir proche, mais aussi potentiellement l'avenir éternel de notre espèce. En traçant cette voie, nous devons nous efforcer de créer un avenir dans lequel le don d'une vie prolongée enrichit plutôt qu'il ne diminue notre humanité, dans lequel les bénéfices de nos progrès sont partagés équitablement et dans lequel nous restons des gardiens responsables de notre planète et de notre potentiel.

La quête de l'immortalité est, à bien des égards, une quête visant à transcender nos limites actuelles en tant qu'espèce. Pourtant, alors que nous poursuivons cet objectif ambitieux, nous ne devons pas perdre de vue les valeurs, les expériences et les liens qui donnent un sens à la vie en premier lieu. Notre avenir potentiellement immortel devrait être celui qui célèbre et valorise l'essence de ce que signifie être humain, même si nous repoussons les limites de l'existence humaine à des niveaux sans précédent.

Alors que nous avançons, faisons-le avec sagesse, compassion et un profond sens des responsabilités envers nous-mêmes, envers les générations futures et envers le réseau complexe de la vie dont nous faisons partie. Le chemin vers l'immortalité peut être long et semé d'embûches, mais en le parcourant avec prudence, il a le potentiel d'ouvrir de nouvelles frontières de l'expérience et de la compréhension humaines que nous pouvons difficilement imaginer depuis notre perspective mortelle actuelle.

S'il vous plaît, partagez vos réflexions sur Amazon !

Votre avis nous aide à :

- Faites passer le message sur l'immortalité
- Soutenir les auteurs indépendants
- Encourager davantage de recherches sur la longévité

Comment laisser un avis :

- Accéder à la page Amazon du livre
- Cliquez sur « Écrire un avis client »
- Partagez vos pensées honnêtes
- Cliquez sur Soumettre

Si vous avez trouvé de la valeur dans ce livre, pensez à laisser un avis 5 étoiles !

Votre soutien contribue à alimenter une exploration plus approfondie du monde fascinant de l'immortalité humaine et du progrès technologique.

CHAPITRE 8

ENVISAGER DES AVENIRS IMMORTELS

Alors que nous envisageons la possibilité d'atteindre l'immortalité humaine grâce aux avancées technologiques, il devient crucial de regarder au-delà des défis immédiats et d'envisager les implications à long terme et les futurs potentiels qui pourraient se produire. Ce chapitre vise à explorer divers scénarios et résultats qui pourraient survenir dans un monde où la mort est devenue facultative et où la durée de vie humaine s'étend indéfiniment.

Nous nous lancerons dans un voyage spéculatif, examinant comment la société, la technologie et l'humanité elle-même pourraient évoluer sur des périodes de temps prolongées. Depuis les conséquences immédiates de l'accession à l'immortalité jusqu'à un avenir lointain où des humains immortels pourraient se répandre à travers le cosmos, nous examinerons les possibilités, les défis et les transformations qui nous attendent.

Il est important de noter que ces scénarios sont spéculatifs et basés sur nos connaissances et projections actuelles. L'avenir réel peut se dérouler d'une manière que nous ne pouvons pas prévoir, en particulier compte tenu du potentiel d'avancées technologiques radicales et d'évolutions imprévues. Néanmoins, l'exploration de ces futurs potentiels peut fournir des informations précieuses et nous aider à mieux nous préparer aux défis et aux opportunités que l'immortalité pourrait apporter.

Le prochain millénaire : les conséquences immédiates de l'accession à l'immortalité

Les mille premières années après avoir atteint l'immortalité généralisée seront probablement une période de changement et d'adaptation immenses alors que l'humanité se débat avec la réalité d'une vie sans fin.

Restructuration sociétale

1. **Gestion de la population** : les taux de mortalité étant en chute libre, les sociétés doivent mettre en œuvre des mesures strictes de contrôle de la population pour empêcher une croissance insoutenable. Il peut

s'agir de limiter les droits à la procréation ou d'encourager l'infertilité volontaire.

2. **Systèmes éducatifs** : les établissements d'enseignement devront s'adapter pour servir des personnes qui pourraient être des étudiants pendant des siècles. Nous pourrions assister à l'émergence d'un « apprentissage tout au long de la vie » au sens le plus littéral du terme, avec des individus passant par de multiples carrières et phases éducatives tout au long de leur vie.

3. **Dynamique des relations** : Le concept de « jusqu'à ce que la mort nous sépare » prendrait un sens nouveau. Nous pourrions assister à l'émergence de mariages à durée limitée ou à une évolution vers une monogamie en série sur des périodes extrêmement longues.

Ajustements économiques

1. **La retraite redéfinie** : Le concept de retraite serait probablement remplacé par des cycles de travail et des périodes sabbatiques. Les systèmes financiers devraient s'adapter pour gérer l'accumulation de richesses au fil des siècles.

2. **Répartition des ressources** : Dans un contexte de ressources potentiellement limitées et de croissance démographique constante, de nouveaux systèmes de répartition équitable des ressources doivent être mis en place. Cela pourrait conduire à l'émergence de systèmes mondiaux de gestion des ressources.

3. **Innovation et progrès** : Le rythme des progrès technologiques pourrait s'accélérer à mesure que les individus accumulent des connaissances et de l'expérience au

fil des siècles. À l'inverse, nous pourrions observer une résistance accrue au changement à mesure que les individus ayant une longue espérance de vie s'enracinent dans leurs habitudes.

Adaptation psychologique

1. **Réévaluation existentielle** : l'humanité devra trouver un sens et un but à une existence potentiellement sans fin. De nouveaux mouvements philosophiques et spirituels pourraient émerger pour répondre à ces questions existentielles.
2. **Gestion de la mémoire** : Avec des siècles de souvenirs potentiellement à gérer, de nouvelles techniques et technologies d'organisation et de

rappel de la mémoire seraient probablement développées.

3. **Ennui et nouveauté** : lutter contre l'ennui extrême au cours d'une vie prolongée pourrait devenir un défi de taille. Nous pourrions assister à l'émergence de sports extrêmes, de réalités virtuelles immersives ou encore d'effacements volontaires de la mémoire pour apporter de la nouveauté.

Ambitions interstellaires : exploration et colonisation spatiales

La pression de la durée de vie limitée étant supprimée, l'approche de l'humanité en matière d'exploration spatiale et de colonisation pourrait changer radicalement.

Missions spatiales à long terme

1. **Voyages interstellaires** : Des missions d'une durée de plusieurs centaines ou milliers d'années deviennent plus réalisables avec des équipages immortels. Nous pourrions assister au lancement de vaisseaux de génération ou à des missions d'exploration de l'espace lointain avec des équipages préparés pour des vols de très longue durée.

2. **Projets de terraformation** : Le processus séculaire de terraformation d'autres planètes ou lunes devient plus attrayant lorsque les planificateurs originaux peuvent vivre pour voir les résultats.

3. **Habitats spatiaux** : Les habitats spatiaux à grande échelle, comme les cylindres d'O'Neill ou les tores de Stanford, pourraient devenir plus courants à mesure que l'humanité

cherche à s'étendre au-delà de la Terre.

Motivations pour l'expansion spatiale

1. **Acquisition de ressources** : Alors que les ressources de la Terre sont mises à rude épreuve par une population immortelle, l'exploitation minière spatiale et l'extraction de ressources à partir d'astéroïdes et d'autres planètes deviendraient probablement une priorité.
2. **Diversité des expériences** : Pour les immortels en quête de nouvelles expériences, l'opportunité de vivre sur d'autres mondes ou dans des habitats spatiaux uniques pourrait être très attrayante.
3. **Assurance des espèces** : La propagation sur plusieurs planètes et

systèmes stellaires servirait de police d'assurance contre les événements d'extinction, assurant la survie à long terme d'une humanité immortelle.

Evolution de l'humanité : adaptations biologiques et technologiques

Au fil du temps, la nature même de ce que signifie être humain pourrait changer à mesure que nous nous adaptons à l'immortalité et continuons à nous améliorer.

Améliorations biologiques

1. **Résistance aux radiations** : Pour voyager dans l'espace et vivre sur

d'autres planètes, nous pourrions nous modifier génétiquement pour être plus résistants aux radiations cosmiques.

2. **Adaptations environnementales** : les humains peuvent être modifiés pour respirer dans des atmosphères différentes, résister à des pressions extrêmes ou survivre dans une variété d'environnements extraterrestres.

3. **Augmentation sensorielle** : Nos sens peuvent être améliorés ou élargis, nous permettant de percevoir une gamme plus large de stimuli ou même de développer de nouveaux sens.

Intégration technologique

1. **Interfaces cerveau-ordinateur** : les interfaces neuronales directes pourraient devenir courantes, permettant un accès instantané à l'information et des capacités cognitives améliorées.

2. **Biologie synthétique** : La frontière entre la vie biologique et la vie synthétique pourrait s'estomper, les humains incorporant des organes artificiels ou même des corps entièrement synthétiques.

3. **Transfert de conscience** : La capacité de transférer la conscience entre différents corps ou dans des substrats entièrement numériques pourrait devenir possible, élargissant encore davantage le concept d'immortalité.

Spéciation et divergence

1. **Radiations adaptatives** : À mesure que les humains immortels se propagent dans différents environnements, nous pourrions assister à l'émergence de sous-espèces distinctes adaptées à leurs habitats spécifiques.

2. **Évolution volontaire** : les individus peuvent choisir de modifier radicalement leur forme, ce qui donne naissance à une grande diversité d'êtres dérivés de l'homme.

3. **Vie artificielle** : Nous pourrions créer de nouvelles formes de vie intelligente, soit comme descendants, soit comme compagnons de notre voyage immortel.

Sociétés post-pénurie : économie et gouvernance dans un monde immortel

L'atteinte de l'immortalité pourrait coïncider avec le développement d'économies post-pénurie, voire y conduire, remodelant radicalement le fonctionnement des sociétés.

Systèmes économiques

1. **Économie basée sur les ressources** : grâce à l'IA et à l'automatisation avancées, les économies de marché traditionnelles pourraient être remplacées par des systèmes axés sur l'allocation efficace des ressources plutôt que sur le profit.
2. **Économies de réputation** : Dans un monde où les besoins matériels sont facilement satisfaits, le capital social

et la réputation pourraient devenir les principales devises.

3. **Économie de l'expérience** : les besoins fondamentaux étant assurés, l'économie pourrait se concentrer sur la fourniture d'expériences nouvelles et d'opportunités de croissance personnelle pour les individus immortels.

Structures de gouvernance

1. **Gouvernance assistée par l'IA** : la prise de décision complexe pourrait être déléguée à des systèmes d'IA avancés, les humains définissant des objectifs et des valeurs généraux.

2. **Démocratie directe** : Avec une durée de vie indéfinie, les individus pourraient s'engager davantage dans les processus politiques, ce qui pourrait conduire à des formes de

démocratie plus directes rendues possibles par les technologies de communication avancées.

3. **Sociétés dynamiques** : Nous pourrions assister à l'émergence de structures sociétales fluides où les individus peuvent facilement passer d'un système de gouvernance à un autre ou en créer de nouveaux.

Le futur lointain : la place de l'humanité dans le cosmos

En regardant vers un avenir lointain, nous pouvons spéculer sur le destin ultime de l'humanité et sur son rôle dans l'univers.

Ingénierie cosmique

1. **Sphères de Dyson** : Les civilisations immortelles pourraient entreprendre des mégaprojets comme les sphères de Dyson pour exploiter toute la production d'énergie des étoiles.

2. **Moteurs stellaires** : Nous pourrions développer la capacité de déplacer des systèmes stellaires entiers, nous permettant ainsi d'échapper à la mort de notre soleil ou de voyager vers d'autres galaxies.

3. **Façonnage de l'univers** : À l'extrême, nous pourrions acquérir la capacité d'influencer les paramètres cosmiques, et potentiellement même de créer de nouveaux univers.

Rencontre avec d'autres civilisations

1. **Communauté Galactique** : Nous pourrions rencontrer et rejoindre une communauté plus large de civilisations immortelles, partageant des connaissances et des expériences à travers la galaxie.

2. **Édifiant** : Nous pourrions assumer le rôle de guide des jeunes civilisations vers l'immortalité et le développement technologique avancé.

3. **Conflits cosmiques** : L'existence de multiples civilisations immortelles pourrait conduire à des conflits autour des ressources ou des valeurs fondamentales à l'échelle galactique.

Transcendance

1. **Conscience collective** : L'humanité pourrait évoluer vers une superintelligence collective, fusionnant les consciences individuelles en une entité unifiée.

2. **Êtres énergétiques** : Nous pourrions transcender entièrement la forme physique, devenant des êtres d'énergie pure ou habitant des dimensions supérieures.

3. **Éveil universel** : Aux extrêmes les plus extrêmes de la spéculation, l'humanité pourrait jouer un rôle dans l'univers lui-même en parvenant à la conscience ou au but.

Chemins alternatifs : évolutions parallèles et futurs divergents

Bien que nous ayons exploré une voie de développement potentielle, il est important de considérer que l'avenir pourrait se dérouler de manière radicalement différente.

Mortalité volontaire

Certains segments de l'humanité pourraient rejeter l'immortalité et choisir de rester mortels. Cela pourrait conduire à une ramification de l'évolution humaine, avec des populations mortelles et immortelles se développant en parallèle.

Immortalité virtuelle

Plutôt que de prolonger la vie physique, l'humanité pourrait choisir de télécharger des consciences dans de vastes réalités virtuelles, atteignant ainsi une forme d'immortalité numérique.

Existence cyclique

Nous pourrions développer des technologies qui permettraient un rajeunissement périodique et une gestion de la mémoire, créant ainsi une existence cyclique de vie, de mort et de renaissance.

Stase et préservation

Certains pourraient choisir d'entrer dans des états d'animation suspendue, se réveillant périodiquement pour expérimenter différentes époques du développement humain.

Alors que nous sommes sur le point d'atteindre l'immortalité, nous sommes confrontés à un horizon de possibilités infini. Les futurs que nous avons explorés dans ce chapitre ne représentent qu'une fraction des résultats potentiels qui pourraient se produire alors que l'humanité se débat avec la réalité d'une vie sans fin.

Le chemin qui nous attend est rempli à la fois de promesses extraordinaires et de défis redoutables. L'immortalité offre un potentiel de croissance, d'exploration et de réussite sans précédent. Elle offre l'occasion d'être témoin de la longue histoire cosmique et peut-être de façonner le destin même de l'univers.

Mais ce grand pouvoir implique de grandes responsabilités. À mesure que nous avançons, nous devons rester conscients des défis et des risques inhérents à une transformation aussi profonde de la condition humaine. Nous devons nous efforcer de créer un avenir qui honore l'essence de ce qui fait de nous des êtres humains tout en embrassant le vaste potentiel de notre moi immortel.

Le voyage vers l'immortalité et au-delà n'est pas seulement une entreprise scientifique ou technologique, mais une démarche philosophique et éthique profonde. Elle nous appelle à réévaluer et à redéfinir continuellement ce que signifie être humain, à trouver un but et un sens à l'existence et à considérer notre place dans la grande tapisserie du cosmos.

En explorant ces futurs potentiels, nous nous rappelons que les choix que nous faisons aujourd'hui façonneront l'éternel avenir. Avançons avec sagesse, compassion et émerveillement face à l'incroyable voyage qui nous attend.

S'il vous plaît, partagez vos réflexions sur Amazon !

Votre avis nous aide à :

- Faites passer le message sur l'immortalité
- Soutenir les auteurs indépendants
- Encourager davantage de recherches sur la longévité

Comment laisser un avis :

- Accéder à la page Amazon du livre
- Cliquez sur « Écrire un avis client »
- Partagez vos pensées honnêtes
- Cliquez sur Soumettre

Si vous avez trouvé de la valeur dans ce livre, pensez à laisser un avis 5 étoiles !

Votre soutien contribue à alimenter une exploration plus approfondie du monde fascinant de l'immortalité humaine et du progrès technologique.

CONCLUSION

Résumé des points clés

Alors que nous concluons notre exploration de « L'avenir éternel : l'immortalité humaine grâce à l'IA et au progrès technologique », réfléchissons aux principales idées que nous avons découvertes :

1. L'évolution rapide de la technologie, de la révolution industrielle à l'ère numérique, a fondamentalement modifié notre relation à la mortalité.
2. L'intelligence artificielle, en particulier les systèmes avancés comme ChatGPT, remodèle notre monde et pourrait détenir la clé permettant de débloquer l'immortalité humaine.
3. Les avancées en médecine et en biotechnologie offrent des

perspectives prometteuses pour prolonger la vie humaine, mais soulèvent également des questions éthiques.

4. La quête de l'immortalité est autant un voyage philosophique et éthique que scientifique.

5. Les scénarios futurs d'immortalité, à la fois numériques et biologiques, présentent des possibilités passionnantes et des défis de taille.

6. La quête de la vie éternelle comporte de nombreux risques, allant des dangers technologiques aux bouleversements sociétaux.

Réflexions finales : Perspectives personnelles sur l'immortalité

Alors que nous sommes sur le point d'atteindre l'immortalité humaine, nous nous trouvons à un carrefour de l'évolution humaine. Les technologies que nous avons explorées tout au long de ce livre - de l'IA à la médecine régénératrice en passant par le transfert de conscience et la régénération cellulaire - offrent des aperçus alléchants d'un avenir où la mort pourrait être facultative.

Pourtant, comme nous l'avons vu, cette quête n'est pas sans danger. Les implications éthiques de l'immortalité sont profondes, touchant aux questions d'égalité, de finalité et à la nature même de ce que signifie être humain. Le risque de résultats dystopiques est grand, nous rappelant qu'un grand pouvoir implique de grandes responsabilités.

L'idée la plus importante que nous ayons tirée de notre voyage est peut-être que l'immortalité, si nous y parvenons, ne sera pas une panacée. Elle ne résoudra pas tous les problèmes de l'humanité et pourrait même en créer de nouveaux. La clé ne réside pas dans la poursuite aveugle de la vie éternelle, mais dans une réflexion réfléchie sur la manière dont ces technologies peuvent être utilisées pour améliorer la qualité de vie de tous, et non pas seulement pour en accroître la durée pour quelques-uns.

Appel à l'action : encouragement à la réflexion et à l'engagement

Alors que nous clôturons cette exploration de l'immortalité humaine grâce à l'IA et au progrès technologique, je vous encourage à :

1. **Restez informé :** le domaine de la recherche sur la longévité et le développement de l'IA évolue rapidement. Tenez-vous au courant des nouveaux développements et de leurs impacts potentiels.

2. **Participez aux débats éthiques :** participez aux discussions sur les implications morales des technologies de prolongation de la vie. Votre voix compte pour façonner l'avenir de ces avancées.

3. **Tenez compte des implications personnelles :** réfléchissez à la

manière dont la possibilité d'une prolongation radicale de la vie pourrait changer vos objectifs personnels, vos relations et vos choix de vie.

4. **Soutenir un développement responsable** : défendre le développement responsable et équitable des technologies permettant de prolonger la vie.

5. **Vivez avec un but** : que l'immortalité devienne ou non une réalité, efforcez-vous de vivre une vie pleine de sens et de but dans le présent.

Le voyage vers « l'avenir éternel » est en cours et son issue reste incertaine. Ce qui est certain, en revanche, c'est que les décisions que nous prenons aujourd'hui façonneront le monde de demain. Alors que nous sommes sur le point de redéfinir potentiellement la condition humaine, avançons avec sagesse, empathie et une profonde appréciation de la valeur de la vie, quelle que soit sa forme.